Intuição

O Caminho da Sabedoria Interior

Um guia para descobrir e usar o seu maior recurso natural

Patricia Einstein

Intuição

O Caminho da Sabedoria Interior

Um guia para descobrir e usar o seu maior recurso natural

Prefácio de
RAYMOND MOODY

Tradução
ANA CARDOSO

EDITORA CULTRIX
São Paulo

Título do original:
Intuition — The Path to Inner Wisdom

Publicado originalmente nos EUA em 1997 por Element Books, Inc., Boston, MA 02114, USA.

O primeiro número à esquerda indica a edição, ou reedição, desta obra. A primeira dezena à direita indica o ano em que esta edição, ou reedição, foi publicada.

Edição	Ano
1-2-3-4-5-6-7-8-9-10	00-01-02-03-04-05

Direitos de tradução para o Brasil
adquiridos com exclusividade pela
EDITORA CULTRIX LTDA.
Rua Dr. Mário Vicente, 374 — 04270-000 — São Paulo, SP
Fone: 272-1399 — Fax: 272-4770
E-mail: pensamento@cultrix.com.br
http://www.pensamento-cultrix.com.br
que se reserva a propriedade literária desta tradução.

Impresso em nossas oficinas gráficas.

Para quem já teve uma premonição ou lampejo
de inspiração — e simplesmente o seguiu.

Mas, especialmente, para Peter.

AGRADECIMENTOS

Ao fazer este livro, percebi que mente nenhuma é uma ilha. O mesmo se pode dizer dos livros, ou, pelo menos, deste livro. Durante o longo processo de organização de *Intuição: O Caminho da Sabedoria Interior*, recebi ajuda das mais variadas formas, às vezes de maneiras tão inesperadas que compreendi que este livro, de alguma forma, tinha mesmo que se tornar uma realidade. Ele simplesmente não teria se concretizado sem a ajuda inspiradora das seguintes pessoas:

Meus professores, entre os quais Louise L. Hay, Alexander Murray e Phyllis Dahlby, que deram orientações cuidadosas e, de vez em quando, um "estímulo cósmico", na minha jornada em direção a uma maior conscientização.

Meus alunos, todos de alguma forma professores, não importa onde. Sou especialmente grata à livre troca de idéias entre os estudantes e participantes das reuniões em alto-mar da "Viagem Interior", que contribuíram para enriquecer este livro.

Meus colegas, entre os quais James Brennan, Ann Satterfield, Henry Reed, Mary Ann Riffon e Colleen Mauro, que me inspiraram com suas valiosas opiniões profissionais.

Meu marido, Peter Einstein, fonte de inspiração e catalisador constante (e algumas vezes de estímulo), bem como editor-assistente talentoso (ainda por cima, de graça); a família e os amigos, muito numerosos para serem citados, que nunca deixaram de me encorajar e aconselhar sempre que precisei.

Meus anjos da guarda, para a organização e disfarçados, entre os quais Kevin Jennings e Anthony Bruno, que ajudaram a fazer o projeto deslanchar; Aaron von Solos, cujas inúmeras idéias deram continuidade a ele; a incomparável ajudante-de-ordens Deborah Bergman, que ofereceu generosamente seus conhecimentos técnicos, lucidez, tempo e até mesmo *hardware*; Darren Kelly, que garantiu que todos os detalhes estivessem em ordem e Gila Sand, cuja maestria no processamento de textos tornou o acabamento perfeito

Meus encantadores — e encantados — conterrâneos, Monte Farber e Amy Zerner, eles próprios autores de talento, que me encaminharam, felizmente, para a Element Books.

Meus agradecimentos especiais a Roberta Scimone, a melhor e mais criativa editora que eu esperei encontrar. Se eu tivesse exigido uma prova, aqui estaria ela: coisas boas *realmente* acontecem para aqueles que seguem o fluxo.

A todos vocês, meus agradecimentos. Vocês foram uma verdadeira bênção para mim.

SUMÁRIO

LISTA DE EXERCÍCIOS

PREFÁCIO

Patricia Einstein escreveu um livro muito interessante e agradável sobre os mistérios da mente. Além disso, trata-se de um livro prático, um verdadeiro manual sobre os estados diferentes da consciência.

Sei que muitos vão-me compreender quando afirmo que estou cansado de todos esses livros que especulam superficialmente sobre percepção extra-sensorial e paranormalidade. Os meios de comunicação nos transformaram em meros espectadores do assunto. Nós nos sentamos no sofá e assistimos aos programas de entrevistas na tevê, onde os convidados relatam suas experiências paranormais. Em seguida, os pretensos especialistas, contrariamente ao assunto ou a favor dele, debatem a possível realidade das experiências. QUE CHATICE!

É triste constatar que, no meio do corre-corre da era da informação, poucos ainda têm tempo para buscar interiormente o enorme e rico potencial da mente. Estamos ocupados demais para poder tirar partido das técnicas simples, que grandes gênios usaram para fazer suas descobertas fundamentais. Thomas Edison, por exemplo, fazia a sesta voluntariamente para resolver problemas complexos que o intrigavam e que resultaram em muitas invenções que, ainda hoje, todos nós usamos no cotidiano!

Mas, se a maioria de nós na realidade está mergulhada na vida sobrecarregada de uma sociedade avançada e tecnológica, como seria possível nos aproximar de novo do poder espantoso da mente consciente? Por onde deveríamos começar? É exatamente aí que surge o livro de Patricia e é justamente por isso que estou tão maravilhado e impressionado com ele.

Patricia deixa de lado a especulação abstrata sobre a natureza da intuição, abordando seus fundamentos básicos e apresentando, em linguagem direta e simples, uma série de exercícios envolventes que permitem que o leitor entre em contato direto com os mistérios da mente. A leitura dos exercícios de Patricia me cativou, e admito que me envergonhei um pouco de mim mesmo! Percebi que, embora sendo um profissional especializado no estudo da mente humana, já faz muito, mas muito tempo mesmo, que não me sento e exploro os mistérios da minha própria consciência. Resolvi usar o livro de Patricia, *Intuição: O Caminho da Sabedoria Interior*, como um livro de exercícios. E antecipo que farei grandes e interessantes descobertas pelo caminho. Recomendo seu guia prático, com instruções passo a passo para o resgate das maravilhas da consciência.

Raymond A. Moody, M.D., Ph.D.

INTRODUÇÃO

Outro dia, folheando o *New York Times*, deparei mais uma vez com outro artigo sobre um estudo científico que confirmava a existência e o uso da intuição: mostrava como as pessoas tendem a agir por premonição, antes mesmo de terem consciência de que a possuem. Bem, essa foi sempre a *minha* impressão; afinal, eu trabalho com a intuição. Mas como é bom saber que outras pessoas estão começando a perceber o poder prático da intuição na sua vida!

Atualmente, parece que, para qualquer lugar que se olhe, notamse sinais de uma evolução do pensamento. O mundo está-se tornando muito complexo. Aparentemente, um número maior de pessoas tem buscado respostas mais inspiradas para abordar todas as questões do dia-a-dia, desde os relacionamentos e as situações de trabalho, até questões mais importantes como encontrar orientação, sentido e objetivo na vida. Para muitos, continuar na linha lógica tradicional não parece mais trazer ou inspirar suficientemente qualquer solução. Mas para onde olhar?

Certamente, não falta ajuda holística, ou alternativas, à disposição. Qualquer um que tenha assistido a um programa de entrevistas, que tenha ido a uma livraria ou visto propagandas através dos meios de comunicação pode confirmar a proliferação de "especialistas" que oferecem seus conselhos das mais variadas formas, de aconselhamentos a laboratórios, seminários, livros, fitas e vídeos. Todo dia, parece surgir um novo dilema, identificado justamente pela pessoa que conhece o sistema exato, capaz de explicá-lo e resolvê-lo para você. Será possível? Como saber em quem confiar?

Parece que as maravilhas da tecnologia nessa Era da Informação estão-se somando à confusão, produzindo rápida e freneticamente toneladas de informação sobre as opções disponíveis cada vez maiores. Na verdade, os "dados" simplesmente não param de chegar. Mas, o que *faz* você com todos eles? Como saber quais se aplicam ao *seu* caso particular? E como tomar uma decisão, quando provavelmente nem todos os "fatos" se apresentam? Em suma, como chegar ao "x" do problema? E como obter a resposta verdadeiramente certa para você?

É aí que entra a intuição. Ela pode ser o maior recurso ao alcance dos seres humanos, uma capacidade natural para perceber muito além dos cinco sentidos e simplesmente da lógica. Esse reservatório espantosamente rico, uma vez aberto, é capaz de conferir uma profunda introvisão, conhecimento e inspiração, para orientar cada setor da vida. É claro que usar a intuição não é um modismo. Ao contrário, a intuição sempre foi, e sempre será, um poderoso sistema de orientação interior, que dá a concentração e a lucidez necessárias para tomar as decisões mais acertadas.

E como chegar a essa intuição? Como usá-la da melhor forma? Faz tempo que acredito que, assim como temos nosso caminho na vida, da mesma forma temos um modo especial de descobrir, e usar, a intuição. Não existe só uma maneira certa de ser intuitivo: existem tantos modos de ser intuitivo quantos são os indivíduos, e cada um de nós pode descobrir facilmente o próprio caminho intuitivo. Uma vez nesse caminho, ele pode conduzir a todas as respostas e orientações que sempre precisamos e que, em última análise, levarão à nossa própria sabedoria interior.

A sabedoria da intuição vai finalmente fazê-lo perceber que o processo de responder às suas perguntas não é um processo linear. O caminho intuitivo é uma busca que permite que as respostas surjam de uma perspectiva mais clara e mais alta, à medida que você exercita sua capacidade intuitiva e continua a desenvolver a atenção.

O que é paradoxal é o seguinte: embora a intuição possa esclarecer um dilema através de uma resposta adequada, essa resposta cresce e se desenvolve à medida que você também se desenvolve. E quanto mais você desenvolver a intuição, mais claras poderão ser suas respostas, abrindo um leque maior de opções e mesmo de perguntas, ainda não consideradas. Assim, você sempre aprenderá mais — não só aprender a usar a intuição para solucionar determinadas questões e tomar decisões imediatas, mas também a *viver* mais intuitivamente. Você descobrirá que o caminho intuitivo pode colocá-lo em maior harmonia com você mesmo, com o mundo ao seu redor, e com quaisquer que sejam os rumos novos e criativos que a vida pode tomar.

Com certeza, eu não soube sempre isso. Precisei seguir meu próprio caminho intuitivo para ter essa consciência. Para mim, tudo começou em minha infância, quando interessei-me pelos aspectos invisíveis da vida. Com muita naturalidade, enveredei pela prática da ioga e da meditação, lendo qualquer livro sobre disciplinas orientais e pensamento metafísico que me chegasse às mãos. Eu não sabia que tinha capacidade intuitiva alguma, mas quando alguém veio me dizer que ia haver um curso de desenvolvimento intuitivo, senti a espécie de comichão que sinto quando alguma coisa me parece "certa". A etapa seguinte era perfeita, ouso até dizer "lógica", para continuar meus estudos.

Tive a grande sorte (ou como notei depois, a sincronicidade) de entrar num curso de um professor experiente e sensível. Phyllis Dahlby tinha o dom de deixar seus alunos à vontade, dando-lhes o espaço necessário para o crescimento, ao mesmo tempo que os mantinha ligados ao mundo real. Fazíamos tipos diferentes de exercícios, alguns dos quais pareciam um pouco estranhos, ou difíceis, no começo. Mas Phyllis dizia sempre, alegre, com seu charmoso sotaque inglês: "Não quero ouvir 'eu não consigo'."

E foi assim que descobri que podia ter um acesso fácil e constante a uma poderosa consciência interior — e, de fato, todos podem.

Esse primeiro curso levou ao seguinte e a uma rede de outros alunos, professores e profissionais envolvidos numa ampla variedade de disciplinas holísticas. Praticamente todo o mundo tinha algo a me ensinar e comecei a incorporar qualquer idéia que pudesse acrescentar alguma coisa a minha compreensão e consciência que se aprofundavam e evoluíam. Minha intuição foi adquirindo importância à medida que comecei a usá-la na vida diária — fazendo as escolhas do dia-a-dia ou enveredando por novos rumos.

Uma dessas novas direções assumiu a forma de um início de carreira, na medida em que eu me tornava uma conselheira intuitiva e mestra, ajudando os outros a aprender a se sintonizar e orientar as próprias vidas. Entretanto, não foi de uma hora para outra que reconheci que estava entrando numa carreira que se transformaria no trabalho da minha vida. Foi preciso que meus amigos me pedissem constantemente dicas intuitivas, técnicas e orientação, antes que eu finalmente me desse conta de que fora feita para isso.

Enquanto crescia e me expandia, a mesma coisa acontecia com os serviços que eu achava que podia oferecer — dar mais sessões de aconselhamento intuitivo especializado, assim como programas personalizados de desenvolvimento da intuição para indivíduos e empresas. Sentia-me particularmente gratificada quando clientes e alunos, de secretárias a artistas e altos executivos, começaram a me procurar para dizer o quanto as idéias e técnicas que eu lhes dera tinham melhorado suas vidas. Também me chamavam para que lhes recomendasse livros que os ajudassem a cultivar a intuição.

Eu sempre procurei alguma coisa que pudesse oferecer ajuda prática à orientação intuitiva, pois acredito que o poder de dirigir a própria vida, em última análise, deve estar nas nossas próprias mãos. Entretanto, cada um deve descobrir esse poder seguindo o próprio caminho intuitivo. Francamente, nunca encontrei um livro que levasse em conta os diversos caminhos que as pessoas podem trilhar para chegar à sabedoria interior, nem a variedade de estilos intuitivos que pode conduzi-las até ela.

E então, uma vez mais, os outros me incitaram a dar o passo seguinte: dessa vez tratava-se de elaborar um livro, para compartilhar tudo o que eu havia aprendido. Eu decidi escrever um livro que enfatizasse minha filosofia a respeito da descoberta do caminho para a sabedoria interior, pela descoberta da própria maneira de ser intuitivo. Desde o início, eu sabia que o fundamental era a confiança na minha capacidade interior. Baseada nisso e num programa extremamente personalizado, eu tinha certeza de que poderia ajudar qualquer pessoa, em qualquer nível, a desenvolver a intuição.

Ao organizar *Intuição: O Caminho da Sabedoria Interior*, precisei voltar a pensar no que havia-me ajudado a seguir o meu próprio caminho intuitivo. Tentei me colocar no estado de consciência que os mestres zen chamam de "mente de principiante". Esse é o estado da mente mais aberto e receptivo, no qual tento sempre permanecer, sem me importar com a distância que outros pensem que atingi na minha trajetória pessoal.

Incluí no livro vários exercícios e técnicas, de modo que você possa experimentá-los e descobrir aqueles que se "adaptam" melhor e são mais eficientes para você. Muito do que este livro contém foi desenvolvido ao longo do tempo, conversando e trabalhando individualmente com clientes e apresentando meus seminários sobre reuniões em alto-mar de Viagem Interior. Cada uma dessas situações é um laboratório vivo interativo, onde as idéias são testadas da forma mais prática possível e aperfeiçoadas até que eu comprove o que realmente funciona.

A receptividade quanto ao meu trabalho tem sido muito grande. Homens e mulheres de diferentes tipos de vida têm relatado toda sorte de mudanças para melhor, desde um aumento geral da intuição, inspiração e criatividade, até benefícios mais específicos que vão de maiores ganhos financeiros e desenvolvimento espiritual, até novos e melhores relacionamentos e carreiras mais satisfatórias.

Como acredito que todos têm a capacidade de chegar à intuição, criei um programa tão simples quanto eficiente, com exercícios e técnicas planejados para entreter e ao mesmo tempo trazer um enriquecimento pessoal. Por favor, experimente-os. Posso praticamente garantir que, quanto mais você os praticar, mais sua intuição e seus vislumbres irão fluir. Você certamente encontrará algumas técnicas de utilidade imediata na sua vida. Também vai descobrir que elas podem satisfazê-lo e dar-lhe muito prazer nos anos por vir, da mesma forma que minhas próprias explorações continuam a me estimular e me alimentar.

Espero que, ao abrir a sua fonte natural de intuição, você encontre e siga o seu próprio caminho para a sabedoria interior. Sei que esse caminho vai levá-lo a uma vida mais consciente, orientada com mais clareza e, finalmente, mais satisfatória.

CAPÍTULO UM

BEM-VINDO AO MUNDO DA INTUIÇÃO

Algumas pessoas lhe dão o nome de *poder psíquico*. Outras, de *sexto sentido*, ou *percepção*. Alguns a percebem como um lampejo de inspiração ou uma forte sensação visceral, enquanto outros pensam nela como uma voz que lhes sussurra. Alguns a sentem como perfeitamente normal, ou natural, e outros como uma coisa do outro mundo. Você pode não acreditar nem um pouco nela, mas, apesar desse ceticismo, você a possui. Todos a possuímos. Tudo isso faz parte do que é chamado habitualmente de *intuição*.

A intuição é uma percepção interior aliada ao sentimento de que se situa fora do domínio do pensamento lógico; no entanto, ela possui uma lógica espantosa e fluente, inerente a ela mesma. Poderoso guia interno, a intuição se manifesta nos lampejos e inspirações que levam freqüentemente a uma nova idéia, uma nova direção, um salto criativo ou à capacidade de estar no lugar certo na hora certa. Contudo, suas mensagens também podem ser sutis a ponto de você não percebê-las. Você pode ignorá-las todas, ou simplesmente aceitá-las como parte normal do seu cotidiano — que é exatamente o que a intuição é.

A cada dia a intuição pode ajudá-lo a se orientar por diferentes questões, desde assuntos comuns, como o que vestir, onde encontrar um lugar para estacionar, ou mesmo que carta jogar em determinado jogo, até decisões importantes, como com quem partilhar sua vida, que carreira seguir, em quem confiar e, de uma forma geral, onde encontrar maior satisfação.

Da mesma forma que para estar fisicamente em forma é preciso fortalecer os músculos através da aeróbica, calistenia ou corrida, o desenvolvimento da intuição através dos exercícios descritos neste livro é o caminho para a aptidão interior. Ao desenvolver esse sexto sentido, você vai descobrir que ele é o complemento perfeito para sua reserva diária de bom senso lógico. A intuição vai ajudá-lo a:

- Perceber quais são suas melhores escolhas — e transformá-las em realidade.
- Ler nas entrelinhas e saber o que se passa no trabalho e em casa.
- Recolher inestimáveis idéias criativas nos sonhos e torná-lo mais criativo na vida real do que você jamais foi.
- Estar sincronizado com as mudanças certas na carreira e a tomar decisões mais hábeis nos negócios.
- Encontrar o par perfeito e saber realmente quem é melhor para você.
- Ter mais contato com os pensamentos e sentimentos da pessoa que você ama, dos amigos e colegas, e a melhorar qualquer relacionamento.
- Reagir a qualquer situação com convicções fortes e maior sensação de confiança no próprio conhecimento interior.
- Sentir a autêntica alegria de descobrir e usar um talento que você nunca pensou que tivesse.

E muito, muito mais.

A intuição é uma qualidade intrínseca que todos nós possuímos. Essa característica não é um dom raro; é algo permanentemente à disposição de todos.

O telefone toca e de repente você pensa no seu velho amigo Joe. Você atende ao telefone e é o Joe que está falando do outro lado da linha! Isso é intuição.

Um dia de manhã, você está se vestindo para ir ao trabalho quando "alguma coisa lhe diz" para se vestir um pouco melhor. Você coloca o seu melhor traje. No fim dessa manhã, seu chefe lhe chama para uma reunião de última hora com um cliente. Você fica satisfeito por ter "prestado atenção" àquela premonição matutina, não fica? Isso é intuição.

Você está sentado em casa uma tarde, lendo um livro, mas não consegue se concentrar nele. Sem saber por que, não consegue parar de pensar na filha, que está na Universidade. Sem razão aparente, tem a sensação de que alguma coisa não está bem com ela. Telefona então para o alojamento da Universidade, e a companheira de quarto de sua filha lhe diz que exatamente essa tarde ela precisou ser levada à enfermaria. Nada de muito sério. Isso é intuição.

Em cada um desses casos, você estava tão em consonância com determinada pessoa ou situação que a informação pertinente, crítica, chegou até você. Expandindo o domínio de suas ligações interiores mais íntimas e se harmonizando com uma fonte maior, que liga toda a informação, pode fazer a intuição trabalhar para você em quase todas as situações.

O CÉREBRO INTEIRO E NADA MAIS ALÉM DO CÉREBRO INTEIRO

Ainda não se sabe exatamente como funciona, embora a ciência esteja se esforçando arduamente para descobrir. Em 1981, Roger Sperry recebeu o prêmio Nobel pela elaboração da teoria que descreve o cérebro humano dividido em dois hemisférios iguais, separados, cada um responsável por uma maneira diferente de pensar. O hemisfério esquerdo abriga o pensamento lógico, linear e se caracteriza pela objetividade, razão, análise, crítica e pelo que geralmente é aceito como comportamento adulto. O hemisfério direito é o local do pensamento intuitivo, não-linear e que se caracteriza pela subjetividade, inspiração, divertimento, criatividade, devaneios como os das crianças e pela capacidade psíquica. Não há dúvida de que o centro da intuição é o hemisfério direito do cérebro.

Provavelmente, o homem primitivo tinha no seu pensamento uma predominância muito maior do lado direito do cérebro, do que temos atualmente. A sobrevivência dependia dos seus instintos e intuição. Para ele era extremamente importante estar sincronizado com as alterações climáticas, geológicas e com os hábitos dos animais. Para ter alimento precisava caçar, não só com todos os cinco sentidos, mas também com um sexto sentido aguçado. Era esse sentido intuitivo que o ajudava a encontrar o jantar e também lhe avisava para fugir, quando corria o risco de se tornar a refeição de outra criatura.

À medida que a civilização foi progredindo, o lado esquerdo foi predominando no pensamento dos seres humanos. As sociedades agrícolas começaram a florescer e a atitude alerta do tipo "lutar ou fugir", necessária para a caça, deixou de ser decisiva para a sobrevivência. Desde então, o homem deixou de depender apenas dos instintos. Foi criada a linguagem escrita para registrar o conhecimento, o que significava que finalmente as pessoas se orientavam mais pelos livros, no cotidiano, do que pela intuição, como seus ancestrais da caverna haviam feito.

Porém, a intuição nunca foi esquecida, tendo sido reverenciada em muitas culturas. Os gregos, na Antigüidade, foram os primeiros grandes pensadores lógicos, embora consultassem os oráculos. Os líderes da Roma antiga, que se orgulhavam de legislar pela razão e pela ordem, consultavam pessoas que adivinhavam o futuro com a leitura das entranhas dos animais. Xamãs e videntes continuam existindo em grande número em muitas culturas pelo mundo afora. E até mesmo no final do século XIX, famosos capitães de indústria norte-americanos, como Andrew Carnegie, John D. Rockefeller e Cornelius Vanderbilt, consultavam regularmente pessoas com poderes extrasensoriais, administrando seus impérios em grande parte pela intuição.

De uma maneira geral, a história e a ciência têm refutado o alcance da intuição com explicações racionais. Atualmente, entretanto, começamos a perceber com mais clareza que a mente tem acesso a informações que a ciência não alcança. Agora que os computadores executam para nós uma boa parte do trabalho típico do pensamento do cérebro esquerdo, recolhendo dados, armazenando-os, organizando-os e recuperando-os com um simples comando, ficamos mais livres para buscar maior número de informações características do lado direito do cérebro. De fato, como os computadores estão assumindo cada vez mais as funções do cérebro esquerdo, o sucesso duradouro e a sobrevivência passaram a depender do desenvolvimento de um tipo de pensamento que os computadores não possuem.

Nunca isso ficou tão claro quanto no atual mundo dos negócios. Atualmente, os executivos se baseiam na intuição para tomar decisões em suas áreas de atuação e há estudos demonstrando que os administradores que unem a intuição à lógica superam significativamente seus concorrentes, tanto nas vendas, quanto na produtividade. Os japoneses, naturalmente, foram os pioneiros no uso do pensamento holístico para administrar negócios e o sucesso que conseguiram é lendário. Depois de muita resistência, o comércio e a indústria americanos começaram a aplicar o dinheiro em conformidade com a intuição.

É óbvio que o mundo ainda não se converteu completamente ao ponto de vista do cérebro direito, e os que agem exclusivamente baseados na intuição são vistos com ceticismo. Sempre que realizo laboratórios e seminários para empresas, evito deliberadamente usar a palavra *médium* em razão das conotações negativas que tem para algumas pessoas. Contudo, o que ensino para esses clientes abrange muito do necessário para ser um bom médium. Meus clientes aprendem, no fundo, o que também aprendi: a entrar em contato com a intuição e com a capacidade criativa inatas para solucionar problemas.

Realmente, há uma demanda no mundo empresarial para o desenvolvimento do que está sendo reconhecido como uma aptidão básica, uma lógica inata que pode incrementar a lógica da análise e a compilação de dados baseada no lado esquerdo do cérebro. Desde as atividades mais criativas, como a publicidade, até as que lidam com a dura realidade, como as altas finanças, há profissionais usando a intuição para fazer melhores negócios, melhorar a administração e habilidade pessoal e concretizar suas melhores idéias, transformando-as em projetos plenamente realizados.

AO ENTRAR NO MEU ESCRITÓRIO

Na condição de conselheira intuitiva, observo a vida de meus clientes para procurar e revelar algum significado ou direção ocultos. Dessa forma, levo-os a se ver a partir de uma perspectiva de iluminação, para que possam viver e tomar decisões com maior consciência de si mesmos.

Na qualidade de professora particular que ajuda a desenvolver a intuição, auxilio as pessoas a descobrir os próprios dons de iluminação. Meus alunos aprendem a recorrer a uma fonte permanente de informação e a ver a vida com mais clareza. Ao desenvolver o potencial interior, começam a enxergar além de noções preconceituosas sobre o que significa ser intuitivo. Sinto uma enorme satisfação quando vejo se levantar o véu que lhes encobre a mente. O que antes era visto como assustador, extraordinário, ou no mínimo do "outro mundo", é explicado e vivido de maneira aberta, natural, nem um pouco ameaçadora. Espero que o mesmo aconteça com você ao ler este livro.

PARA OBTER MELHORES RESULTADOS

À medida que você continuar a ler este livro, verá que os exercícios estão em destaque e numerados. Sugiro que leia todo o livro na ordem em que está escrito, fazendo os exercícios à medida que avança. Mas se se sentir atraído por algum capítulo em especial, vá em frente e mergulhe nele, procurando entender que, quanto mais informação acumulada tiver, melhor se sairá nos exercícios. De qualquer maneira, passe para as seções de criatividade e prosperidade, se é isso que lhe interessa, mas tome-as como a amostra de um sabor que será mais bem apreciado se você tiver a oportunidade de digerir completamente o livro.

Uma vez tendo uma idéia do todo, você provavelmente descobrirá que prefere determinados exercícios e que imagina que vai se divertir com eles. Eles *são*, realmente, divertidos. Não deixe de partilhálos com seus amigos. E continue com o divertimento.

Apesar de este livro poder ser visto como um livro para o desenvolvimento da aptidão interior, essa meta não deve ser atingida através do rápido desenvolvimento dos poderes intuitivos latentes. Ao contrário, avance no seu próprio ritmo, parando e recomeçando sempre que quiser. Uma pessoa não tem mais intuição do que outra. Estamos todos envolvidos no processo de desenvolvimento da nossa própria relação com a intuição, e a prática é tudo.

Ao se harmonizar pela primeira vez com sua intuição, você vai receber uma informação que poderá ser muito sutil. Não a deixe passar despercebida, nem desanime. Se continuar praticando, os sinais chegarão até você mais fortes e mais claros.

Lembre-se: a única coisa que você precisa para desenvolver a intuição é um espírito aberto. Disponha-se a um pouco mais. Com o apoio da força de vontade para expandir a mente, estará tudo pronto para começar. E agora, prepare-se para descobrir sua *própria* riqueza de orientação e informação.

CAPÍTULO DOIS

A ENTRADA NO CAMINHO DA SABEDORIA

SEGUINDO O FLUXO

Todos temos capacidade de entrar em contato com uma quantidade de informação muito maior do que imaginamos, pois já estamos ligados à fonte universal de consciência. Pense nessa fonte como um porto fervilhante de um rio que corre sem parar. O rio passa por cidades e vilarejos, ligando-os ao porto. Assim também, cada um de nós está ligado à fonte intuitiva, um reservatório muito maior de informação, por intermédio do que chamo de *fluxo*. O fluxo é a ligação de cada um com uma consciência que flui e recebe informação continuamente.

Mas se cada um de nós já está ligado a essa fonte, por que ainda não dispomos de todas as respostas que precisamos? Realmente, já temos as respostas que buscamos, mas em geral não conseguimos nos relacionar com elas. Ou seja, nossa consciência cotidiana não está habituada a estar em equilíbrio com uma consciência maior e mais profunda, que é a fonte da intuição. Como o rio, a intuição está lá à nossa disposição, mas para nos ligarmos a ela temos de lhe seguir o fluxo. Ao segui-lo, entramos e nos mantemos no próprio caminho intuitivo.

As perguntas parecem brotar quase diariamente, e precisamos nos ligar às suas respostas. Uma outra empresa lhe fez uma excelente oferta de trabalho, mas você não sabe se é boa demais para ser verdade, ou boa demais para não aceitá-la. Ou, de repente, você recebeu o "bilhete azul" e não tem idéia do que fazer. Será que vai encontrar algum dia o homem, ou a mulher, da sua vida? Ou será que já o encontrou e ainda não sabe? Seja qual for a pergunta, seguir o fluxo da intuição vai ajudá-lo a navegar nos mares incertos da vida e guiá-lo ao caminho que conduz à sabedoria interior.

Nos últimos anos, têm sido feitos grandes estudos sobre o *estado de fluxo*, o estado em que percebemos o fluxo universal. Geralmente associado ao máximo desempenho criativo, na realidade é o estado em que, de modo aparentemente automático, todas as mudanças que fazemos são corretas, tanto em pensamentos como em ações. Nesse estado, os pensamentos e sentimentos que nos ocupam no dia-a-dia desaparecem subitamente, sendo substituídos por uma concentração mental muito forte e fluente.

Todos nós já tivemos a experiência alguma vez na vida do estado de fluxo mental, ao ler um livro, jogar uma partida de xadrez particularmente interessante, ou fazendo qualquer coisa em que nos envolvíamos facilmente. Geralmente esse estado é percebido como um estado de euforia, durante o qual tudo fica no seu devido lugar, e as soluções parecem fluir naturalmente. Como o estado de fluxo, que se relaciona com o lado direito do cérebro, funciona, ainda é em grande parte ignorado, apesar de inúmeras pesquisas. Só recentemente, a ciência pôde nos revelar que ele existe e *funciona.*

O primeiro passo a ser dado na busca da intuição é deixar-se ir, realmente, seguindo o fluxo. Ao entrar no poderoso estado de fluxo, sua concentração começa a sair da consciência diária, se abrindo para um maior conhecimento e compreensão. No estado de fluxo, você perceberá a relação entre toda a informação e a experiência e, a partir desse estado de consciência, pode captar fartas porções de intuição.

O fluxo liga toda a consciência, toda a percepção e toda a informação. E o seu resultado, perfeitamente natural, é a intuição. O estado de fluxo liga-o, essencialmente, à fonte de todas as suas respostas. O exercício seguinte vai ajudá-lo a começar a entrar no fluxo.

- *Exercício 1: Entrando no fluxo e fluindo com ele*

Para experimentar o fluxo já, retire-se por algum tempo, no mínimo cinco minutos, para deitar-se e ouvir algum instrumento musical que relaxe. Não ouça nada que tenha letra e seja cantado, porque as palavras poderão distraí-lo.

Deixe-se levar pela música, sem pensar em nada em particular, simplesmente deixando-se levar por ela. Não force nada. Apenas relaxe-se.

Ao final da música, retorne e perceba a diferença entre o que você estava sentindo enquanto ouvia a música e o que sente agora. Nota alguma diferença?

QUANDO VOCÊ ESTÁ AQUECIDO, ESTÁ AQUECIDO

O estado de fluxo acontece naturalmente nos períodos de concentração e criatividade intensas. Ao tocar, muitos músicos dão a impressão de estar perdidos na música que executam. Pense no olhar de êxtase de um maestro ao reger uma orquestra sinfônica, ou na expressão de êxtase de um guitarrista, ao curvar-se para o longo solo de um *blues*. Pense na intensa concentração que se vê no rosto de um campeão mundial de tênis. Muitos atletas comentam o fenômeno de estar "na área". Quando jogam basquete ou beisebol, por exemplo, sua concentração pode ser de uma tal intensidade que se sentem como se formassem "uma coisa só com a bola", quando estão "quentes", jogando no máximo do desempenho. Nesses momentos, essas pessoas estão no fluxo.

Se você não acha que esteve alguma vez aquecido da mesma forma que um atleta ou músico profissional, pode ser que esteja enganado. É muito provável que tenha tido a experiência do fluxo enquanto fazia amor! Talvez seja melhor deixar para a imaginação essa experiência específica de fluir; é suficiente dizer que, quando você está absorvido pelo ato de amar, pode conseguir uma concentração e um prazer tão intensos, a ponto de achar que não existe mais nada, inclusive o tempo.

Nesse estado, certamente, você está "ligado" e movendo-se com o fluxo. Mesmo a sensação de flutuar experimentada antes, durante o ato de amar e logo depois dele, é parte desse fluxo de ligação total. Tente fazer o exercício 3 para entrar em contato com seu fluxo natural, mas veja primeiro se consegue reavivar a memória (e experimentá-la) com a ajuda do exercício 2.

• *Exercício 2: Relembrando o fluxo*

Pense nas ocasiões em que esteve num estado de fluxo, amando, praticando esportes, executando alguma música, dançando, pintando, ou absorto num trabalho ou num bom livro.

Em seguida, concentre-se nessa experiência e na sensação que sentia enquanto ela ocorria. Era uma sensação de flutuação? De unidade? De profunda tranqüilidade ou calma? Você sentiu outras sensações únicas ou estados mentais especiais, pessoais? Deixe que os sentimentos relativos ao fluxo se apoderem de você e apegue-se a eles o máximo que puder. Geralmente sentimos sono quando nos lembramos da sensação de estarmos fluindo. De fato, trata-se apenas de uma tentativa natural e instintiva de entrar de novo nesse fluxo.

Se você sentir algum problema ao relembrar o estado de fluxo, tente relembrá-lo a partir do início. O exercício seguinte tem a função de desenvolver o controle sobre o estado de fluxo, para que você possa entrar nele sempre que precisar.

• *Exercício 3: Criando o fluxo*

Reserve cinco minutos para se expressar, usando uma folha de papel ou fazendo uma gravação. Faça qualquer coisa — rabisque, desenhe, resmungue — mas não pense! Deixe-se flutuar na sua corrente de consciência.

Depois de cinco minutos, veja o que fez. Talvez você se surpreenda ao descobrir que tem o germe de uma idéia, uma idéia melhor do seu estado emocional, ou um alívio, um relaxamento, resultante desse simples aquecimento do fluxo. Repita esse exercício antes de começar a trabalhar num projeto e sempre que ficar preso em algum ponto do seu trabalho.

NÍVEIS DE CONSCIÊNCIA

Todo mundo já passou alguma vez pela experiência de resolver um problema complicado simplesmente deixando-o de lado. Provavelmente, no início, você tentou cercar o problema de todos os lados, até que sentiu que era ele que o cercava. Quando parecia não haver nenhuma solução lógica, você provavelmente se levantou, frustrado e cansado, para se afastar do aborrecimento. Talvez tenha saído de casa para dar uma volta e refrescar a cabeça. Mais tarde, relaxado e descansado, voltou ao problema e, como num passe de mágica, a resposta simplesmente lhe veio à mente! A solução pode ter sido de uma tal obviedade, que você custou a crer! "Por que não pensei nisso antes?", você se perguntou.

Bem, a razão pela qual você não pensou nisso antes é que, na realidade, você estava *pensando* demais. Quando parou de solicitar o cérebro esquerdo para obter uma resposta lógica, você relaxou, entrou no fluxo, e deixou que a resposta lhe chegasse através da própria intuição, que o ligou a uma consciência muito mais ampla. Essa consciência é muito maior do que a que podemos alcançar usando exclusivamente o cérebro esquerdo.

De fato, pela intuição podemos alcançar vários níveis de consciência e formas de conhecer as coisas. Enquanto tentava desesperadamente encontrar uma solução para o problema, você estava apenas fazendo uso dos limitados recursos do banco de conhecimentos do seu cérebro esquerdo. Mas, quando relaxou e entrou no fluxo, passou a usar um banco de *todo* o conhecimento universal. O fluxo desse conhecimento é, na verdade, a corrente da consciência, a percepção máxima da intuição.

O estado intuitivo, portanto, não significa o mesmo que a percepção cotidiana. É todo um outro estado da mente. Contudo, a intuição pode ser usada no dia-a-dia.

Muitas filosofias orientais, assim como os ensinamentos de Don Juan, compararam essa percepção com o estado de espírito de um guerreiro no auge de uma batalha. Altamente consciente de tudo ao seu redor, ele também está em perfeita consonância com tudo o que precisa ser feito e com o momento exato em que deve ser feito. Quem não gostaria de encarar o dia de posse desse tipo de munição mental?

Para entrar num estado de percepção máxima, devemos, em primeiro lugar, aquietar aquela parte da mente que está sempre classificando e qualificando. O hemisfério esquerdo do cérebro, além de ser lógico, tem às vezes uma atitude furiosa de julgamento. Um excesso de julgamento intelectual pode levar à dúvida e até mesmo reprimir a espontaneidade instintiva que mantém o guerreiro a salvo. Essa é a parte do cérebro que veste a camisa de um editor, ou de um juiz, e que continuará dando ordens, até que você resolva parar um pouco, permitindo que ela pare também.

O exercício seguinte foi planejado para ajudá-lo a dar um descanso ao seu cérebro esquerdo, para que o lado direito possa ser ouvido.

• *Exercício 4: Desligue o intelecto para ligar a introvisão*

Descanse ou sente numa cadeira com respaldo. Concentrando-se suavemente na sua respiração, comece a respirar profunda e ritmicamente. Concentre a atenção no centro da testa e respire nessa área, reforçando esse foco a cada respiração.

Perceba como a sua concentração se torna tão forte, que seus pensamentos se apagam. Se perceber que está-se desviando, fazendo avaliações, ou alguma outra atividade mental (e você provavelmente o fará), traga sua atenção de volta para o ponto na sua fronte e continue respirando ritmicamente através dele. Você também poderá ter idéias ou vislumbres. Tome nota desses lampejos intuitivos quando terminar o exercício. Essa é a entrada numa maior percepção, o início da sua intuição cada vez maior.

Comece com cinco minutos. Quando se sentir à vontade com esse tempo, continue pelo tempo que quiser.

O ÚNICO JEITO DE SABER É SABENDO

Ao usar a intuição, você experimenta diretamente as respostas que ela lhe dá — não se sente separado da situação em questão. Isso significa que, com a intuição, você não faz avaliações. Pelo contrário, simplesmente deixa que as respostas cheguem até você e que, com uma sensação de realidade muito forte, entre em união com elas.

Quando usa o seu raciocínio costumeiro, você segue uma única linha lógica normalmente aceita. Entretanto, quando chega esse súbito lampejo de certeza, certeza de que alguém vai-lhe telefonar, de que certo trabalho será seu, de que alguém é a pessoa certa para você, ou de que a solução ideal para um problema de imposto foi encontrada, a linha que segue é a da sua ligação pessoal, harmonizada com a lógica muito mais abrangente da intuição.

Você deve deixar que esse vislumbre chegue pleno, tentando não interpretá-lo, nem questioná-lo, tampouco compreendê-lo intelectualmente enquanto está sendo recebido. Mais tarde, seu intelecto irá interpretá-lo e registrá-lo na sua consciência como determinada informação racional e prática, que poderá ser aplicada na sua vida diária.

Entretanto, só o vislumbre não passa pelo filtro das limitações do conhecimento lógico: ele não é transmitido pelo cérebro esquerdo. Ao contrário, passa diretamente para a experiência, para o conhecimento direto, território que pertence ao cérebro direito. É nesse ponto que você tem espontaneamente a visão global, conhecendo-a e experimentando-a ao mesmo tempo.

Como a nossa mente em geral está ocupada com a atividade intelectual do cérebro esquerdo, de vez em quando precisamos "parar de pensar" para usar a percepção mais abrangente. Uma diretora de relações públicas certa vez me contou que lamentava não precisar mais passar roupa como precisara antes porque, realizando mecanicamente essa tarefa monótona, tinha muita inspiração, coisa que não pedira, mas que recebia de bom grado. Eis aqui um exercício para acender a centelha da sua inspiração.

• *Exercício 5: Exercício para não pensar (para estimular a intuição)*

Esse exercício é o companheiro perfeito para correr, nadar, remar, tomar uma ducha, fazer trabalhos domésticos ou qualquer tarefa mecânica.

Antes de começar a atividade, diga a você mesmo que a partir desse momento está aberto à intuição.

Em seguida, abra-se ao fluxo do chuveiro, ou ao ruído do aspirador de pó e entre nele com sua percepção, pensando ou dizendo alguma coisa como: "Estou aberto a minha intuição; neste momento, vislumbres e idéias estão fluindo."

Entre no ritmo do que quer que esteja fazendo, e flua com ele. Você poderá se surpreender com os lampejos intuitivos que acompanham as atividades consideradas não-inteligentes.

PASSEANDO NO CONTÍNUO DO ESPAÇO-TEMPO

A física atômica mudou nossa compreensão do tempo e do espaço; mas o que os cientistas modernos só descobriram agora os místicos já sabiam há uma eternidade: qualquer compreensão do tempo e do espaço é apenas uma compreensão relativa. A percepção do tempo e do espaço depende do nosso estado mental ou das circunstâncias. Todos nós já tivemos alguma vez a sensação de que o tempo parou e de que o espaço mudou de tamanho, como, por exemplo, quando as paredes parecem se fechar sobre você ou quando de repente a casa parece maior porque você está sozinho. O tempo voa quando você está se divertindo e, se não está, não passa. São os seus sentimentos sobre o tempo ou o espaço que determinam como você os percebe.

No fluxo sempre presente e eterno da intuição, não há delimitações rígidas de tempo e espaço. Tudo faz parte do mesmo fluxo, da mesma contínua plenitude. Ao entrar no contínuo de tempo e espaço com a ajuda da intuição, você terá uma sensação de tempo e de espaço, sem tempo e sem espaço. Quando eu "enxergo o futuro" intuitivamente, na verdade estou entrando no contínuo e interpretando a informação que está lá, no seu fluxo, que é o fluxo de todos os tempos. Quando você entrar no fluxo, também vai senti-lo como uma plenitude. Vai também captar informações de todos os tempos, inclusive do futuro, naturalmente.

Todos nós já tivemos, uma vez ou outra, sensações intuitivas repentinas, momentos de premonições irrefutáveis. Esses são, realmente, os resultados imediatos de se mergulhar na corrente do contínuo tempo/espaço. Quando o fazemos, mudamos o sentido habitual de tempo, definido por um presente, um passado e um futuro, para um sentido de tempo atemporal, no qual temos um vislumbre do futuro como parte do que ele de fato é, o agora.

Na vida diária, entramos constantemente no contínuo de tempo/espaço com a ajuda da intuição. Um editor meu amigo passou pela experiência de saber que alguma coisa estava para acontecer, só por sentir o ar do escritório "pesado". Todos pressentiam que um fato desagradável era iminente e, de fato, alguns dos colegas de meu amigo foram demitidos logo em seguida. Antes de conhecer meu marido, eu havia-me mudado para um novo apartamento há pouco tempo. O lugar era perfeito, mas eu sentia que não iria morar lá por muito tempo e por esse motivo não perdi muito tempo decorando-o. Como era de se esperar, logo depois conheci meu futuro marido e mudei-me para uma casa muito mais espaçosa que, então, comecei a decorar apaixonadamente.

Relembrar momentos da vida em que você percebeu por acaso o que estava predestinado a acontecer é útil para começar a interpretar o futuro num nível de consciência mais elevado.

• *Exercício 6: Relembrando a atemporalidade*

Pense nos momentos em que sentiu que alguma coisa estava para acontecer ou em que teve a sensação de uma mudança iminente. Talvez num jogo de cartas você tenha percebido que um ás lhe apareceria pela frente antes que aparecesse, ou subitamente, alguns momentos antes de a campainha de casa tocar, tenha tido a vaga impressão de que algum amigo, algum tio ou primo, passaria por lá para uma visita inesperada.

Quem sabe, ao trabalhar num projeto importante você de repente tenha começado a antever todas as etapas não-previsíveis da tarefa, antes que viessem à tona, incluindo todas as reações inesperadas de seus colegas e chefes. Talvez tenha até mesmo sonhado com uma reunião decisiva, só para que o sonho se repetisse na vida real. Tudo o que se relaciona com seus instintos estava "ligado", e a difícil tarefa parece que se completou por si só!

Tente se lembrar do maior número possível de experiências desse tipo. Anote-as. Daqui para a frente, mantenha um diário das novas experiências desse tipo que ocorrerem; talvez você queira consultar o apêndice para aprender a fazer o seu próprio diário de intuição. À medida que for se lembrando, tente recordar exatamente o que o fez "saber" que seu sentimento intuitivo era incontestável. Foi uma sensação na barriga? Calafrios ao longo da espinha? Uma exuberância inabalável e vital? Uma certeza tranqüila? Quaisquer que sejam esses sentimentos, anote-os também. Em breve, você aprenderá a reconhecer rapidamente os sinais que sua intuição lhe envia e a agir com confiança, baseado neles.

Os sonhos são o melhor exemplo do que você sente quando penetra no contínuo espaço-tempo. Neles, as narrativas raramente são lineares. Os fatos que acontecem nos sonhos parecem ocorrer fora do tempo e um lugar sonhado pode parecer ser muitos lugares ao mesmo tempo. O pátio do recreio que você freqüentava, atrás da escola, pode ser também o Coliseu em Roma. No sonho, seu irmão pode aparecer como irmão e como Kevin Costner! Você pode sonhar que está-se formando com a idade que tem hoje, enquanto sua irmã é uma criança e o diretor da escola é uma figura histórica como Ulysses S. Grant (general e líder político norte-americano que participou da Guerra Civil Americana e foi presidente do país de 1869 a 1877). Ao sonhar, tudo isso parece perfeitamente plausível.

Só depois de despertar e tentar analisar o sonho com o pensamento linear do cérebro esquerdo, é que você percebe as discrepâncias de tempo e de espaço. A experiência de estar no contínuo espaço-tempo se parece muito com as experiências oníricas.

De fato, os sonhos podem ser uma espécie de veio ou filão principal da informação intuitiva, como nos minérios. Às vezes, são proféticos; às vezes, repassam aspectos da vida que você vem levando ao longo do tempo. Nesse sentido podem servir de orientação e guia, fazendo ou não previsões.

Algumas pessoas realmente vêem o futuro nos sonhos. Tomemos o caso de meu amigo Aaron. Criança ainda, quando estava para ir para a Europa com a família, Aaron sonhou com todos os lugares que iriam visitar. Quando finalmente chegou ao destino, toda igreja ou ruela, cor, textura e estilo que encontrou se revelou exatamente como tinha sonhado.

Outros, entre os quais me incluo, vêem muito mais o futuro fora dos sonhos. Isso não torna, em absoluto, os sonhos menos importantes. Talvez você também tenha tido a experiência de perceber nos sonhos os aspectos da vida que mereciam mais atenção. Ou tenha recebido a confirmação de que certas atitudes que tomava, tentando resolver problemas importantes, eram as corretas. Por exemplo, quando estava trabalhando neste livro, tive sonhos que expressavam a dificuldade de juntar todos os seus elementos. Porém, eram sonhos estimulantes porque me deram a sensação de estar realmente conseguindo atingir o objetivo de terminá-lo.

• *Exercício 7: Um diário dos sonhos*

Se você é dos que se lembram dos sonhos, mantenha um registro deles. Tente não organizá-los nem interpretá-los. Como já dissemos, o contínuo espaço-tempo dos sonhos não é lógico. Portanto, registre suas lembranças e observe se há algum padrão.

Nos sonhos você está mais vezes dentro ou fora de casa? Costuma estar em algum lugar especial? Parece que está sempre no mesmo tipo de jornada? Certos sentimentos parecem vir à tona várias vezes? Os fatos sonhados realmente acontecem? Você acha que existe alguma mensagem no seu padrão de sonhos?

Mais adiante, discutiremos a interpretação dos sonhos. Por enquanto, mantenha apenas um registro dos sonhos e veja por você mesmo o que pode extrair deles.

O TEMPO ESTÁ A SEU FAVOR

O psicólogo e escritor Lawrence LeShan chama as experiências no contínuo espaço-tempo de "realidade clarividente", e a percepção cotidiana, de "realidade sensorial". O conceito sensorial de tempo compõe-se de um passado que leva a um presente, que por sua vez conduz a um futuro. Essa maneira de pensar, diz ele, pode interferir no livre fluxo de informação. Para alcançar a generosidade ilimitada da intuição, precisamos transcender as fronteiras da realidade sensorial, penetrar no fluxo do tempo atemporal, tornando-nos um canal de transmissão para as informações.

Não é difícil descobrir a capacidade inerente de canalizar o tempo atemporal. Mergulhando no fluxo do tempo clarividente, você aprenderá a não levar em conta as restrições do tempo normal e a se transformar no seu próprio cronômetro.

• *Exercício 8: A consciência do tempo*

Tente determinar as horas, visualizando um grande mostrador branco de relógio e a posição dos ponteiros. Repare nos detalhes físicos do relógio. Os ponteiros são pretos? Os números são romanos? Se o relógio for redondo, que tamanho teria uma fatia determinada pelos seus ponteiros? Quanto mais detalhada for a sua visão do relógio, mais informações terá a sua adivinhação. Compare sua hora com a de um relógio verdadeiro.

O melhor período para tentar fazer essa experiência é de manhã, logo depois de acordar. Se você desperta sempre na mesma hora, tente fazer a experiência no fim de semana, quando sai dos horários habituais. Você vai gostar de ver como pode chegar muito perto da hora certa e, com a prática, poderá melhorar ainda mais. Dessa forma, estará superando a crença no conceito sensorial do tempo, ao mesmo tempo que elimina a necessidade de consultar constantemente o relógio.

À medida que continuar no meu programa de desenvolvimento da intuição, você descobrirá também que tem a capacidade de ver o tempo futuro de forma muito semelhante a essa que acabou de usar para ver o tempo presente. A única diferença é que, quando estiver pronto para começar a perceber o tempo futuro, vai estar observando a posição dos ponteiros do tempo no mostrador vazio do eterno presente.

AQUI, ALI E EM TODO LUGAR

As distâncias geográficas não enfraquecem a percepção da realidade clarividente. Não só todo tempo é "agora" no contínuo espaço-tempo, mas também todo espaço é "aqui", sem nenhuma das barreiras que fazem parte da nossa realidade sensorial.

Na realidade clarividente, aqui é lá, lá é aqui, e aqui é todo o lugar. No caminho intuitivo, não é incomum o desenvolvimento de um sentimento forte e característico com relação a alguém que está geograficamente muito distante.

Uma atriz minha amiga contou-me uma história atormentada sobre uma forte apreensão que teve certa vez com relação à irmã, que esquiava no Colorado. Posteriormente, veio a descobrir que, enquanto sentia essa apreensão, a irmã, que tinha sido atingida por uma avalanche, lutava para sobreviver. Felizmente essa irmã conseguiu se salvar. Mas é significativo que minha amiga tenha sido capaz de sentir o perigo que corria sua irmã querida, a tantas milhas de distância. A apreensão que sentiu chegou até ela através do fluxo da intuição.

Um amigo, negociante de antigüidades, deparou com um negócio que parecia bom demais para ser perdido. Era seguramente um vaso de porcelana da dinastia Ming, à venda por um preço muito baixo e, a seus olhos treinados, realmente autêntico. Uma voz interior lhe avisou, porém, que desistisse. Como era de se esperar, o vaso não só não era chinês, como também não era da dinastia Ming, além de não ter nada de antigo!

Se você está-se perguntando por que geralmente o chamado distante da intuição aparece em situações de forte conteúdo emocional, a explicação é muito simples. As emoções são uma função do hemisfério direito. Quanto mais fortes os nossos sentimentos, mais intensamente conseguem superar as barreiras estritamente racionais do hemisfério esquerdo. Quando essas barreiras naturais são inundadas pelos nossos sentimentos mais profundos, a resposta intelectual, presunçosa, fica encoberta e as mensagens interiores vêm à tona em alto e bom som.

COMO ENTRAR EM SINCRONIA

Todos nós já passamos pela experiência de estar no lugar certo na hora certa, e em alguma fase de nossa vida conhecemos alguma pessoa que consideramos como "de sorte". Sorte, entretanto, não é questão de acaso. É na realidade questão de sincronicidade.

O renomado psicólogo C. G. Jung definia sincronicidade como uma "coincidência significativa". Pode ser descrita como uma série de eventos que parecem surgir do nada mas que, na realidade, se devem a uma causa. Como essa causa não pode ser explicada de uma forma racional e linear, tendemos a atribuir a sincronicidade ao mero acaso.

A sincronicidade é o processo de se harmonizar com uma percepção mais ampla. De repente, parece que você se encontra em equilíbrio com o destino. Vivemos a sincronicidade da coincidência significativa o tempo todo. São aquelas coincidências tão comuns, como pensar em João e dar de cara com ele, ou receber um telefonema inesperado de Jane depois de ter acabado de mencioná-la numa conversa. Ou, quando certas palavras ou números surgem com regularidade cada vez maior, sem razão aparente, até que você resolve verificar se estão lhe trazendo algum tipo de mensagem mais profunda.

Por exemplo, um modelo amigo meu estivera ouvindo e vendo referências sobre o Japão em toda parte. Finalmente percebeu que deveria ir para lá. A viagem, além de um sucesso, foi a base de toda a sua carreira. Poderia ser dito que ele teve sorte e mais nada, mas ter sorte é, na realidade, o processo de estar em equilíbrio com a própria sincronicidade.

Há momentos em que é possível fazer alguma coisa acontecer mesmo de modo inconsciente, simplesmente entrando em sincronia com o que se deseja. Para colher os frutos da sincronicidade, nem sempre é preciso seguir os sinais, como fez meu amigo modelo. Por certo, você pode começar prestando atenção aos símbolos que têm algum significado especial para você, anotando-os quando surgirem. (Haverá mais comentários neste livro sobre esse processo, que eu chamo de uso do diário de intuição.) Porém, o simples fato de decidir o que quer, faz com que seu desejo alcance o seu maior eu. Esse eu ampliado e inconsciente, por sua vez, abre a percepção ainda mais ampla da sincronicidade e a seguir esse gigantesco banco de dados passa a lhe enviar o que você deseja, como você quer.

Você pode conseguir não apenas a colaboração de uma percepção mais ampla na realização de suas metas, satisfazendo suas necessidades pessoais, mas também pode entrar em sincronia com o que se passa ao seu redor, de modo a fazer escolhas mais harmonizadas com você e com o fluxo. Uma vez tendo começado a desenvolver a sincronicidade natural (os exercícios que se seguem vão ajudar a realizar essa mágica), você descobrirá que é um grato receptor do que muitos chamam de coincidência feliz, mas verá também que, na realidade, entrou em sincronia com o fluxo para fazer escolhas mais acertadas (poderíamos ousar dizer, talvez, mais afinadas?) para o seu próprio futuro.

Eis aqui um exemplo do que estou dizendo: um cliente meu, do ramo da publicidade, instintivamente se abriu à própria sincronicidade com excelentes resultados. Desde que ouviu falar de certo carro esporte, o DeLorean, achou que deveria ter um. Começou a colecionar todos os artigos ou material promocional sobre o carro que pudesse encontrar e começou a perceber que, para onde quer que olhasse, havia alguma menção ao DeLorean.

Alimentado pelos vislumbres e pelo que não parecia ser nada além de coincidência, meu cliente chegou a deixar um sinal para a compra de um DeLorean, sem ver o carro e muito antes de o primeiro veículo sair da linha de montagem. Muitos meses depois, quando a conta da DeLorean estava em condições de ser assumida e todas as agências importantes estavam interessadas nela, a pequena firma em que ele trabalhava conseguiu a tão ambicionada conta. Isso aconteceu, em parte, graças à exibição do contrato de meu cliente, durante a apresentação da campanha vencedora —portanto, mais sincronicidade.

Mas isso não é tudo. No final, meu cliente chegou a dirigir o desenvolvimento do próprio carro da DeLorean e foi em frente, escrevendo a frase profética "Viver o sonho", que descrevia mais ou menos o que acontecera com sua própria vida quando entrou em harmonia com sua possibilidade mais interessante. De fato, no seu caso a vida superou o sonho porque ter fluído com o desejo, no momento certo, também afetou positivamente a reputação profissional. Você também pode aprender a reconhecer e aumentar as riquezas ocultas das coincidências significativas da sua vida.

• *Exercício 9: Relembrando sincronias*

Pense no passado e tente lembrar-se de coincidências significativas que tenha vivido: circunstâncias em que se sintonizou com alguém em quem estava pensando, quando um encontro casual o levou a conseguir algo que realmente almejava ou quando sentiu que estava numa fase de sorte extraordinária. Lembre-se também de fases em que estava em perfeita sincronia com o ambiente: chegando numa estação de trem na hora exata em que seu trem chegava, achando um lugar para estacionar exatamente em frente à loja em que ia, ou sendo o primeiro a saber de uma oferta de emprego. Tome nota dessas experiências e registre as futuras coincidências significativas.

JÁ ESTIVE AQUI ANTES

O *déjà vu* é uma forma de sincronicidade. Esse forte e inexplicável sentimento de que você já esteve num lugar antes é uma coincidência significativa baseada no fato de realmente já ter estado antes nesse lugar, mas não no campo sensorial da realidade cotidiana. Na percepção mais ampla da realidade clarividente, você é virtualmente capaz de estar em qualquer lugar do tempo e do espaço. No campo clarividente da intuição, é possível sentir-se como se você realmente já tivesse estado num determinado lugar antes. Quando você vive a experiência do *déjà vu*, algum fato, alguma pessoa ou algum objeto faz com que você se lembre apenas de um fragmento de tudo o que você sabe, através da ligação inata com outras realidades.

Você pode usar o *déjà vu* para lidar de modo bem-sucedido com situações do dia-a-dia. Um advogado que conheço estava preocupado com uma reunião muito importante que estava prestes a ocorrer.

Ajudando-o a entrar em contato com a intuição, descobrimos que ele tivera, como ele chamava, uma "visão" de como seria a reunião. Essa visão era bem detalhada. Incluía o que cada um dos participantes, inclusive ele mesmo, estaria vestindo, o que diria e terminava com um resultado muito favorável para meu cliente. Quando de fato a reunião se deu, transcorreu exatamente como ele havia antevisto. Isso foi um episódio de *déjà vu*. Por essa razão, esse advogado pôde fazer exatamente o que deveria numa situação muito tensa, para ter os resultados desejados. Com a ajuda da sincronicidade, e especialmente do *déjà vu*, meu cliente pôde criar sua própria boa fortuna.

Um vendedor de computadores que conheço, que trabalha para uma empresa muito agressiva que entrou em operação recentemente, passou por uma experiência semelhante. Todos na empresa estavam ansiosos e preocupados com uma reunião que aconteceria em breve com um grande cliente em potencial. Mas meu cliente era o único que não estava ansioso. Isso porque já tivera uma visão do tal cliente exibindo um grande sorriso na face. Quando afinal houve a reunião, o cliente estava prontinho para assinar o contrato com a nova empresa, o que fez com um sorriso de orelha a orelha. Meu amigo não ficou surpreso pois, graças a sua intuição, já sabia qual seria a atitude do cliente.

ESSE SENTIMENTO DE SINCRONIA

Bons jogadores e apostadores de sucesso são exemplos de pessoas sintonizadas com a sincronicidade. Os jornais estão cheios de histórias de pessoas que ganharam na loteria e que tiveram a impressão de certos números lhes trazerem sorte, o que fez com que ficassem jogando neles até que desse a sorte grande. Minha empregada fez uma aposta muito boa em números que lhe vieram à mente graças à sincronicidade dos sonhos. E a recente ganhadora de um campeonato nacional de pôquer declarou que no dia do jogo se sentira com sorte, sabendo que iria ganhar.

Pessoas com capacidade para investir, desde uns trocados em ações, até milhões de dólares em grandes negócios, também são do tipo que se sintonizam com as forças da sincronicidade, recebendo, assim, informação e orientação. Um investidor em imóveis contou-me que casualmente viu um artigo sobre um homem que sentiu que seria o sócio perfeito para um negócio que tinha em mente. Eles vieram a se conhecer, entraram em sincronia um com o outro e agora estão envolvidos numa rentável propriedade de muitos milhões de dólares.

É importante desenvolver a prática de conseguir fazer a sincronicidade trabalhar para você. Os dois exercícios seguintes devem ser um desafio. É preciso praticar... e praticar. Com a simples repetição dos exercícios, você diminuirá a interferência do intelecto e entrará em sintonia com a doce melodia da intuição.

• *Exercício 10: Como aumentar a sensação de sincronicidade*
Parte 1 — Previsões do dia-a-dia

Tente adivinhar as coisas antes que elas aconteçam: quando o telefone vai tocar, quem estará do outro lado da linha quando você atender, quando um sinal de trânsito vai passar do vermelho para o verde. Tente adivinhar quais serão os ganhadores de uma corrida de cavalos. Em frente às portas dos elevadores de um banco, tente adivinhar que portas se abrirão em primeiro lugar. Numa estação de trem ou de metrô, procure ficar de frente para o local em que as portas do próximo trem irão se abrir.

• *Exercício 11: Como aumentar a sensação de sincronicidade*
Parte 2 — O truque da carta

Pegue um conjunto de cartas de baralho e retire os ases e coringas. Agora, você tem o mesmo número de cartas altas (do 8 para cima) e baixas (do 7 para baixo). Embaralhe bem as cartas e retire a carta de cima — coloque-a virada para baixo em sua frente e afaste o resto do baralho para cerca de meio metro de você — onde não possa mais vê-lo, mas ainda seja fácil alcançá-lo.

Uma boa maneira de começar é com a cor da carta ou com o valor relativo (alto ou baixo) dela. Veja com o que você se sintoniza primeiro. Se você não adivinhar nada de imediato, tente perguntar a si mesmo: "É vermelha ou preta? De valor alto ou baixo?"

Se a pergunta não funcionar, tente mudá-la um pouco: "É brilhante ou escura? Vale muito ou pouco?"

Siga a informação que obtiver primeiro, do modo como ela parece chegar até você. Em seguida, veja se consegue ser um pouco mais preciso a ponto de adivinhar naipes e números. A que distância você chega? Não se preocupe com a exatidão. Você pode receber informações de grande valor sobre o seu estilo de intuição. Por exemplo, você sente as coisas mais em termos de cor, imagem ou símbolo?, relações espaciais, números ou mesmo palavras?

Naturalmente, quanto maior a precisão com que você tentar acertar as cartas, mais difícil será o exercício. Mas continue tentando, no ritmo e no nível que considera bom para você, e não desanime. Como eu já disse, a repetição melhora muito o desempenho. Ao mesmo tempo, esses exercícios desenvolvem o aparato intuitivo, aumentando a capacidade de alcançar e identificar a intuição na vida diária. Continue praticando! Quando começar a acertar os exercícios, ficará encantado com suas próprias capacidades.

Prosseguindo a leitura deste livro, você aprenderá mais técnicas que podem aumentar muito a sua capacidade de acertar. E, por favor, quando estiver mais adiantado no livro, veja o Apêndice para tentar a Variação do Truque da Carta e verificar o quanto você progrediu.

Uma última observação sobre os exercícios de sincronização: à medida que você praticar esses dois exercícios, tente perceber o que sente quando "está" e quando "não está em sincronia". Você percebe sinais do seu corpo, como uma sensação no estômago ou um formigamento atrás do pescoço ou na espinha? Da mesma forma, outros sentidos também podem estar envolvidos. Certa vez, um compositor me contou que quando suas músicas "estavam" sincronizadas, "cheiravam bem". Outras pessoas poderão sentir um leve zunido nos ouvidos ou ouvir a própria resposta que estavam buscando.

Qualquer coisa sentida como verdadeira se expressará para você pela melhor e mais intensa forma de comunicação. Eu, particularmente, tenho certa sensação de equilíbrio *versus* desequilíbrio — uma sensação de que toda a informação correta parece que "se encaixa" bem. Algumas vezes, você simplesmente "sabe". Lembre-se de como percebe essa experiência e tente aplicá-la nos exercícios para ver se você pode determinar o que é só uma adivinhação, o que parece ser um lampejo intuitivo e o que é uma sensação, sem sombra de dúvida, de uma resposta perfeita.

A MENTE DÁ FORMA À MATÉRIA, OU COMO LEVAR EM CONTA A PRÓPRIA REALIDADE

Para ter acesso à intuição, é muito importante que você esteja aberto tanto à existência dela quanto à certeza de que pode usá-la em sua vida. De fato, você não será capaz de perceber aquilo em que não acredita. Em poucas palavras, a trajetória para o caminho intuitivo começa com um espírito aberto.

Não se espera que ninguém que leia este livro tenha a fé inabalável de um santo, mas que mantendo um espírito aberto, tendo vontade de começar a desenvolver a mente e desejando acreditar, encontre a intuição que começa a fluir e desenvolva eficazmente a crença e a fé nessa realidade.

Para se abrir verdadeiramente à riqueza de informações que o caminho intuitivo pode oferecer, devemos começar a examinar o próprio sistema de crenças e a descartar os conceitos limitantes que podem bloquear o recebimento da intuição plena.

• *Exercício 12: Revisão do sistema de crenças*

Examine as atitudes que tem acerca de você mesmo. Sua crença no que é possível determinou o que realmente lhe aconteceu na vida? Consegue se lembrar de outras pessoas cuja atitude positiva ou negativa determinou os fatos de sua vida? Por exemplo, em todo grupo parece sempre haver um pessimista circulando com sua nuvem negra de mau agouro. De fato, os desastres parecem rondar os lugares por onde essa figura de pouca sorte passa. Da mesma forma, quem não conhece um otimista inveterado cuja atitude típica de Poliana parece ser boa demais para ser verdadeira e que ainda por cima parece atrair recompensas onde quer que se meta?

É TERRÍVEL LIMITAR A MENTE

Certa vez, uma mulher jovem me procurou numa conferência, buscando desesperadamente uma solução para o dilema da sua carreira. Ela era uma consultora de desenvolvimento de sistemas de sucesso, não muito bem-sucedida, que dava seminários para ajudar homens e mulheres de negócios a incrementar suas carreiras. Isso me chamou a atenção pela ironia, considerando que a personalidade dela era muito negativa. Eu sabia que, antes que ela tivesse algum sucesso no campo de trabalho, teria de fazer alguma coisa com relação à sua atitude melancólica. Pedi então que voltasse ao passado e se lembrasse de alguma coisa que realmente tivesse querido muito e, finalmente, conseguido: desde uma malha de lã ou um anel, até um carro; realmente, qualquer coisa. Ela não conseguiu se lembrar de uma única coisa.

— De nada mesmo? — perguntei-lhe.

Ela franziu a testa e fez um sinal negativo com a cabeça.

— Nem de um picolé? — disse eu.

— Detesto picolés! — explodiu ela.

À medida que avançávamos, percebi que o opressivo negativismo dessa cliente não só lhe tolhia o fluxo de intuição, mas também reduzia a quantidade de informação que eu podia obter dela. Sua atitude mental estreita e limitada, com relação à vida em geral, não deixava que ela fizesse nenhuma mudança positiva, quanto mais intuitiva. Conseqüentemente, sua negatividade aumentou ainda mais.

No entanto, pude perceber que tinha havido uma época durante a infância em que se sentira aberta às possibilidades positivas. Pedi-lhe então que se sintonizasse com essa época e que procurasse reter todos os detalhes dessa lembrança. No início, ela franziu as sobrancelhas, mas finalmente começou a se lembrar de um fim de semana maravilhoso na fazenda dos avós. Muitas coisas boas e inesperadas tinham acontecido então: ela havia visto o nascimento de uma ninhada de cachorrinhos, se juntara espontaneamente a um passeio numa carroça de feno numa noite de luar e estivera se divertindo com uma borboleta deslumbrante. À medida que revivia a experiência, sentia que esperava confiante a próxima coisa maravilhosa que iria acontecer.

— Mantenha esse sentimento! — gritei-lhe. Porque este era exatamente o estado aberto e confiante em que ela precisava estar, para voltar a ter experiências maravilhosas dali para a frente.

Aconselhei-a então a relembrar a cena, principalmente os sentimentos positivos que tivera tido sobre si mesma e sobre o futuro e a perceber que era, de fato, a mesma menina confiante. No princípio ela duvidou um pouco, mas cerca de um mês depois telefonou-me para agradecer pelo conselho.

— Você não vai acreditar — disse ela, rindo —, continuei a me lembrar da fazenda só porque era bom, mas o seminário que dei em seguida foi um verdadeiro sucesso!

ABRINDO A MENTE — PARA ATRAVESSAR A PONTE

A abertura da mente para o caminho intuitivo faz com que você supere a distância entre a lógica da realidade do dia-a-dia e a lógica alternativa da intuição. Essa outra lógica na verdade é uma extensão e um complemento de uma percepção que já temos. A intuição põe ao seu alcance informações valiosas e pode chegar a provocar uma transformação física real. A abertura mental associada à vontade do indivíduo de receber e projetar a intuição é conhecida por ter resultados espetaculares.

A agente de cura pela fé Olga Worrel consegue alterar a composição molecular da água através da alteração do peso, pela simples força de vontade. Casos de cura psíquica e psicocinese (movimento de objetos por telepatia) têm sido bem documentados. Foi provado que nos testes parapsicológicos, as pessoas conseguiam melhores pontuações nos "acertos" psíquicos quando desejavam que os efeitos esperados acontecessem. Além disso, a capacidade mental de alterar a matéria tem resistido a minuciosas comprovações científicas. Pesquisas na física quântica provam que o mundo subatômico se altera de acordo com os pensamentos daqueles que o observam. Em outras palavras, a realidade observada é de fato moldada pela nossa mente.

O exercício seguinte mostra como a mente pode exercer sua influência sobre a realidade. Ele demonstra como seus pensamentos podem realmente remodelar a realidade física. Embora pareça bastante complexo, na realidade é mais simples do que parece. O que é importante lembrar aqui é a paciência. Não corra em nenhuma etapa, e, se não conseguir o sucesso desde o começo, dê-se um tempo para consegui-lo.

Um cliente meu saiu-se tão bem, que fez a maior farra no escritório, ensinando a todos como usar o poder da mente para entortar objetos. Cada um pegou o objeto adequado mais próximo, e os abridores de carta sofreram o efeito de tal maneira, que no fim da semana não havia um que não se tivesse entortado em todo o escritório. Leia devagar as instruções, visualizando o percurso e se concentrando no aumento do seu poder.

• *Exercício 13: Entortar colheres: um exercício da mente sobre a matéria*

Arranje uma colher barata, dessas de bar ou padaria, e certifique-se de que ela só pode ser entortada com grande esforço. (Por favor, preste atenção: uma peça de prata pode ser muito pesada para um iniciante entortar e, se você realmente tentar entortar a boa prataria da família, provavelmente não conseguirá fazê-la voltar à forma original perfeita.)

Com as duas mãos, segure a colher horizontalmente a sua frente. Segure cada uma das pontas da colher na palma da mão fechada, a curva do cabo apontando para cima. Feche os olhos e comece a respirar ritmicamente.

Agora, concentre-se e visualize uma bola de luz branca, radiante, sobre sua cabeça. Concentre-se o máximo que puder em captar essa luz brilhante e quente, à medida que a imagina descendo do topo da cabeça até os pés.

Quando ela estiver na sua cabeça, mantenha-se concentrado nela até sentir que brilha com a maior intensidade possível. Visualize então a bola se movendo lentamente para baixo, pelo seu pescoço, ombros, braços e finalmente pelos pulsos. Concentre-se exclusivamente na luz, e sinta a sua vibração enquanto ela o aquece.

Quando a luz alcançar seus dedos, diga em voz alta: "Entorte, entorte, entorte!", e tente entortar a colher com um movimento rápido. Surpreendentemente, a colher se dobrará no meio, sem nenhum esforço, como se de repente fosse feita de manteiga.

CAPÍTULO TRÊS

TUDO É ENERGIA

Com sua famosa equação $E = mc^2$, Albert Einstein provou que, no nível mais elementar da matéria, tudo não passa de energia no universo. Tanto a realidade física da matéria quanto a realidade abstrata da mente, são constituídas por sistemas de energia. Entrar em contato com a intuição é o ato de nos sintonizarmos com o fluxo infindável de energia universal.

O conceito de fluxo de energia universal não é novo. Os antigos chineses chamavam esse fluxo de *chi* e os antigos hindus o chamavam *prana*. As disciplinas que se desenvolveram nessas duas culturas — o tai-chi e a yoga, respectivamente — baseiam-se na arte de estar sintonizado com o fluxo de energia, usando-o para equilibrar o eu. Quando estamos em equilíbrio, sentimos harmonia não só com relação a nós mesmos, mas também com relação aos outros e com respeito a todo o nosso ambiente. Qualquer processo de equilíbrio é, na realidade, o ato de entrarmos em harmonia com um fluxo de energia universal.

QUAL É A FREQÜÊNCIA?

Como outras freqüências eletromagnéticas, entre as quais se incluem os raios X, as ondas de rádio e as ondas luminosas, o fluxo intuitivo também é uma corrente de energia contínua. Em certo sentido, entrar em sintonia com a intuição é como sintonizar uma estação de rádio. Quando entramos em sintonia, estamos, na realidade, no mesmo comprimento de onda de qualquer freqüência que desejarmos.

Assim como muitos comprimentos de onda do espectro luminoso são invisíveis para os nossos olhos, as freqüências da intuição também não são detectáveis aos que não estão especificamente sintonizados com elas. Mas, quanto mais sensíveis nos tornamos a sua energia, mais capazes nos tornamos de abrir a fonte da própria intuição. De fato, o termo *sensitivo*, tão freqüentemente associado ao psiquismo, originalmente foi usado para descrever as pessoas que conseguiam perceber a energia de ímãs e outros objetos no ambiente a sua volta.

A ciência provou que existe um campo de energia eletromagnética bem definido ao redor de cada um de nós. Através de um processo especial, conhecido pelo nome de fotografia Kirlian, esse campo torna-se visível a olho nu. As fotografias Kirlian de seres humanos, plantas e certos objetos inanimados, mostram uma aura que emana de cada um deles. Esse campo de energia, que nos cerca, origina-se de um campo energético maior: o fluxo. Todos nós canalizamos a energia do fluxo e certa quantidade dessa energia é irradiada naturalmente através de cada um de nós.

BRILHO DE ESTRELA, LUZ DE ESTRELA

Diz-se que as mulheres grávidas têm brilho. As noivas são radiantes. Os santos são representados tradicionalmente com halos de luz ao redor da cabeça. Aqueles cujo talento lhes granjeou fama e fortuna parecem ter um pouco mais de carisma, sendo conhecidos como estrelas. Quando uma pessoa faz um grande progresso na sua compreensão da vida, dizemos que ela finalmente enxergou uma luz no fim do túnel, ou mesmo que está iluminada.

Não é coincidência que as pessoas que apresentam muita energia sejam descritas como tendo mais luz. Esta é a expressão palpável da energia que, por sua vez, compõe toda realidade.

Não é necessário que você se incomode em tirar uma fotografia Kirlian, que é cara para provar que irradia esse fluxo de luz. O exercício seguinte vai demonstrar a energia que você irradia.

• *Exercício 14: Como sentir o seu campo energético*

Esfregue com força as mãos, para esquentá-las. Assim que tiver a sensação agradável de que estão aquecidas (isso leva apenas uns trinta segundos, mais ou menos), encoste as duas palmas, alinhando os dedos um de encontro ao outro.

Em seguida, comece lentamente a afastar as mãos, até sentir certo repelão ou tração (algumas pessoas sentem uma coisa, outras, a outra) parecendo indicar que você chegou ao limite de uma área, ou campo, de energia. Isso geralmente acontece quando as mãos estão a uma distância de dez a vinte centímetros uma da outra.

Se não conseguir esse resultado na primeira tentativa, continue tentando até que tenha a tal sensação. Garanto que isso acontecerá. Algumas pessoas não sentem o limite, até brincar com o campo propriamente dito, movendo as mãos ora bem perto, ora bem afastadas uma da outra, como se estivessem fazendo cama-de-gato com um barbante. Experimente. Depois de sentir o "repelão" ou "tração" entre as mãos, entenderá com o que se parece um campo energético e aprender a senti-lo com maior facilidade.

O campo energético que você sentiu entre as mãos na verdade é a sua própria aura, a energia palpável, radiante, que o envolve. Você acabou de aprender a sentir uma parte do limite da aura. No exercício seguinte, aprenderá a explorar os parâmetros do campo energético do seu par ou de um parceiro.

• *Exercício 15: Como sentir o campo energético do corpo*

Encontre um parceiro e sente-se com ele em cadeiras de encosto reto. Nesse exercício, você e seu parceiro vão se revezar na posição de sujeito e sensor.

O sujeito deve fechar os olhos e começar a respirar profunda e ritmicamente. Enquanto isso, o sensor deve fazer o aquecimento do exercício 14. Quando ambos estiverem bem relaxados, o sensor deve ficar de pé atrás do sujeito, que ainda está sentado, e levantar as mãos cerca de trinta centímetros acima da cabeça dele. Lentamente, deve deslocar as mãos para baixo, até que, como no exercício anterior, o sensor comece a sentir a mudança de energia que indica o limite da aura do sujeito. Uma vez mais, o sensor pode brincar com esse fluxo de energia maleável, até perceber exatamente onde estão os limites.

O perímetro do campo energético pessoal de cada indivíduo varia muito, e algumas pessoas têm auras muito mais manifestas e perceptíveis que outras. Portanto, se você não sentir nada, não se preocupe, simplesmente tente outra vez. Posteriormente, quando se sentir mais carregado energeticamente, será possível entrar no campo energético da aura e sair dele.

Quando terminarem, troquem os papéis e repitam o processo.

Você já sentiu a própria aura, mas o exercício seguinte lhe mostrará a ligação entre a sua luz visível e o fluxo de energia da vida.

• *Exercício 16: Visualização do campo energético*

Descubra em casa uma superfície negra ou bem escura (um pedaço de pano, uma toalha de mesa ou até uma televisão desligada). Desligue qualquer luz elétrica, feche as persianas e coloque uma vela acesa atrás de você.

Coloque as mãos diante da superfície negra e examine-a. Você deverá ver uma névoa esbranquiçada, brilhante, emanando de seus dedos. (Uma dica: tente focalizar o fundo.) Experimente fazer isso com um amigo e faça experiências com a sombra e a neblina. Veja o quanto vocês devem se aproximar um do outro para que as "névoas" se toquem.

Isso é o que significa, na realidade, "alcançar e tocar alguém"! Quando nos sentimos tocados sem nenhum contato físico, na realidade estamos partilhando energia. Quando dizemos que alguém tem uma aura de mistério ou uma aura de contentamento, na realidade isso significa que sentimos o campo de energia daquela pessoa e que estamos interpretando essa energia radiante.

A aura física nem sempre é fácil de ser vista porque pode ser extremamente sutil. Mas não desanime. Quando você começar a ver seu próprio brilho, procure aumentá-lo por meio da concentração. O desejo e a concentração projetarão a energia, e você verá o campo da aura com mais clareza.

ALINHAMENTO ENERGÉTICO

Agora que você aprendeu a ver e a sentir o seu campo de energia, é hora de passarmos aos detalhes — os pontos específicos de energia, que se alinham para formar o sistema de energia interna de toda a sua aura.

Os nossos campos de energia são compostos por sete centros principais, também conhecidos como chakras, cada um deles associado a uma localização-chave distinta dentro do nosso corpo. Cada um dos sete chakras contribui com uma qualidade essencial diferente para o fluxo de energia interna. Assim como a luz branca pode ser separada em muitas cores quando filtrada através de um prisma, o espectro de energia corporal se divide em nuances individuais.

A compreensão desses centros de energia individual, das cores que lhes correspondem e de como todos eles se relacionam entre si para formar um todo, por mais remoto que possa parecer, realmente ajuda a compreender mais e usar mais todo o sistema de intuição. Quanto mais sensível você se tornar às cores e às energias que representam, mais sensível se tornará à totalidade da energia ao seu redor. Ao desenvolver sua intuição, você poderá perfeitamente começar a receber informação sob a forma de cores; portanto, tenha em mente, ou ao alcance da mão, a lista que se segue. Para dados mais específicos a respeito dos usos e interpretações da cor, você pode consultar também o capítulo 5 e o apêndice.

O PRIMEIRO CENTRO DE ENERGIA: VERMELHO

O primeiro chakra, localizado na base da espinha, estende sua influência do primeiro chakra até a região genital. Toda essa área é governada pela cor vermelha. Portanto, não surpreende que se associe o vermelho à paixão e à emoção inflamada, à sensualidade, à vitalidade e à sexualidade!

Pense nos modernos carros esportivos, sempre anunciados na cor vermelha, para serem mais desejados, e na maçã vermelha e brilhante associada à saúde e à vitalidade.

O SEGUNDO CENTRO DE ENERGIA: LARANJA

Um pouco acima da base da espinha e ligeiramente à esquerda, encontra-se o baço, que é representado pela cálida cor laranja. Nesse caso, as qualidades essenciais são sabedoria, confiança, coragem e força interior.

Imagine a exuberante juba acastanhada que coroa o forte, e sem dúvida corajoso, leão.

O TERCEIRO CENTRO DE ENERGIA: AMARELO/DOURADO

O terceiro chakra se localiza no plexo solar, bem no centro do corpo, logo abaixo do esterno, rumo à área geralmente chamada de estômago. Não é coincidência que a expressão "sentir visceralmente" alguma coisa, signifique que se sabe algo com tanta profundidade e certeza, que é como se ela estivesse sendo sentida no verdadeiro âmago — literalmente, o seu centro físico.

A cor que rege o terceiro chakra, o amarelo, está associada ao intelecto, consciência, conhecimento e força interior. Por que você acha que o lápis padrão, ou lapiseira, geralmente é amarelo? Os efeitos de agudeza mental que o amarelo provoca fazem dessa cor a mais adequada para esses objetos.

O QUARTO CENTRO DE ENERGIA: VERDE

Subimos do estômago para o coração: o quarto chakra é, literalmente, o coração do equilíbrio energético. A cor que rege o coração é o verde. Esta cor representa o crescimento, tanto físico como emocional, além do amor e da prosperidade.

Imagine nos brotos e botões verdes das plantas, sinais adoráveis de uma nova primavera. Pense depois na cor do dinheiro, das notas de dólar, por exemplo — o verde vivo do dinheiro.

Embora no início você possa não associar o verde ao conceito de amor, você consegue imaginar uma cor mais revigorante e inspiradora do desenvolvimento e da expansão do que essa?

O QUINTO CENTRO DE ENERGIA: AZUL

O quinto centro de energia, que se situa na garganta, governa o fluxo criativo de expressão e o fluxo sereno da tranqüilidade.

O azul é a cor que representa a energia desse centro, o que faz sentido quando você imagina o sentimento de paz e a sensação de rejuvenescimento que sente quando contempla o céu ou o mar.

O SEXTO CENTRO DE ENERGIA: VIOLETA

É bem no centro da testa que encontramos o famoso terceiro olho, o sexto chakra, que corresponde à passagem para a consciência espiritual, e que, embora muito estereotipada atualmente, continua muito verdadeira. Ele é regido pela cor violeta. Ambos, o ponto e a cor, representam nossa capacidade de alcançar o conhecimento mais elevado e divino.

A cor púrpura tem sido sempre o símbolo de grandes empenhos e vínculos de ordem superior. Pense na roupa púrpura dos reis e das figuras religiosas.

O SÉTIMO CENTRO DE ENERGIA: BRANCO

Esse ponto, o sétimo centro de energia, também conhecido como o "chakra da coroa", situa-se bem no alto da cabeça, representando a coroação da verdadeira glória. A cor que o rege, o branco, capta naturalmente toda a energia e é a cor radiante que mais solidamente associamos à aura. Pense um pouco nas inúmeras representações artísticas que se valem de um halo de luz brilhante coroando a cabeça.

O branco também representa a pureza, a iluminação e a proteção. Imagine a figura ideal e pura de uma noiva, com seu longo véu branco, ondulante, ou o anjo que se costuma colocar no alto da árvore de Natal.

Sempre que sentir que precisa de um "pouco" de energia para iluminá-lo, ou de mais proteção, tente visualizar uma luz branca ao seu redor, ou ao redor do ambiente em que está. Esse é um velho recurso para interromper a negatividade e é muito útil, às vezes essencial, no dia-a-dia da vida moderna!

HARMONIZAÇÃO COM O TODO

Quando nos sentimos na nossa melhor forma, os sete chakras estão todos equilibrados, contribuindo para criar uma sensação de harmonia com o fluxo energético universal da intuição.

Quanto mais harmonizada estiver a energia, mais à vontade nos sentimos e com mais facilidade podemos entrar em sintonia com a consciência mais ampla da intuição. Assim como nos levantamos pela manhã e nos espreguiçamos para que a energia flua e o corpo se adapte de novo depois de uma noite de sono, da mesma forma podemos dar uma "espreguiçada" diária para que os centros energéticos do corpo se reequilibrem e despertem a ligação com o fluxo.

O exercício que se segue pode ser a chave da abertura diária para a intuição. Todas as manhãs eu repito essa rotina simples do equilíbrio energético. Experimente-a para sentir por você mesmo esses benefícios. Estou inteiramente convencida de que essa rotina pode ampliar o sentido de intuição, e o sentido de bem-estar geral. Meus alunos têm tido bons resultados com esse exercício.

Naturalmente, cada um se identificará mais ou menos com os diversos exercícios. Mas por favor lembre-se: quanto mais você praticar a harmonização, mais depressa sua própria intuição se harmonizará com uma consciência mais ampla.

• *Exercício 17: Como equilibrar sua energia com a energia da intuição*

Descubra um lugar bem tranqüilo, em que não possa ser perturbado, e deite ou se sente numa cadeira de encosto reto. Comece a respirar rítmica e profundamente. Leve o tempo que for necessário para se sentir realmente bem e para que a respiração flua natural e regularmente.

Quando sentir que está bastante bem, conduza a percepção até o centro da testa e visualize aí uma luz violeta. Respirando, solte o ar e relaxe no ponto de percepção, observando a luz que há nele. A luz violeta pode parecer ter a forma circular ou pode tomar toda a área da terceira visão com a luminosidade que possui. Use o que for melhor para você, respirando no local da sua percepção. Fique assim um pouco mais, cerca de um minuto.

Em seguida, leve a consciência para o centro da área da garganta, lembrando-se de continuar a respirar de forma profunda e relaxada. Respire na região da garganta e visualize aí uma luz azul. Permaneça um pouco com essa luz azul, até que ela fique bem clara para você.

Desça até a região do coração, na parte central do peito e, ao mesmo tempo que respira e relaxa, percebendo essa área essencial, visualize nela uma luz verde. Demore quanto for preciso; não se apresse. Procure realmente desfrutar desse momento especial, para renovar e revigorar a ligação com a consciência da intuição.

Quando terminar, passe para o plexo solar. Este é o ponto sob o esterno que se movimenta quando você inspira e expira profundamente, como está fazendo agora. Enquanto respira na região do plexo solar, veja uma luz amarelo-dourada inundando toda a área com seu brilho. Mantenha-se respirando, com a percepção dirigida para esse ponto, durante o tempo que se sentir bem, tratando de realmente ver e sentir a luz dourada.

Em seguida, descubra o baço (no lado esquerdo, na direção das costas, perto dos rins). Respire através dessa região, enquanto visualiza uma luz alaranjada banhando-a em luminosidade. Pode haver certa sensação de aquecimento ou outra sensação associada a essa cor.

Finalmente, leve a percepção mais para baixo, até a base da espinha e visualize nessa região uma luz vermelha a aquecendo por inteiro com seu brilho radiante. Inspire e expire nessa luz vermelha o quanto quiser.

Imagine agora um tubo de cristal descendo da base da espinha até o centro da Terra. Sinta e veja uma luz cristalina no centro da Terra, que é ao mesmo tempo agente de cura, liberação e equilíbrio. Sinta então essa luz se deslocar para cima através do tubo de cristal, entrando no corpo pela base da espinha, abrindo caminho através das vértebras e dos centros de energia: curando, purificando e equilibrando você e sua energia.

Sinta e veja a luz se movendo através de cada chakra, subindo e saindo pelo topo da cabeça. Agora, veja e sinta essa luz como um bastão de luz cristalina ligando-o com um fluxo de energia infinita, a fonte de toda consciência — inclusive da intuição.

Tente a variação seguinte sempre que sentir necessidade de mais força interior na sua ligação com a intuição.

• *Exercício 18: A ligação com o fluxo universal*

Deite-se ou sente ereto no local tranqüilo que escolheu, e faça o exercício para equilibrar a energia (exercício 17), respirando através dos centros energéticos enquanto visualiza as várias luzes coloridas. Quando a luz cristalina começar a iluminar a partir do alto da cabeça como um bastão de luz, pense ou diga em voz alta algo assim: "Neste momento, entro em contato com o fluxo inesgotável de toda a energia e de toda a consciência."

Mantenha a respiração no centro da testa, enquanto repete a frase e continua a fluir com a energia dessa luz cristalina.

MENTE NENHUMA É UMA ILHA

Embora sua mente seja apenas uma pequena parte da energia de toda a existência, ela contém a totalidade da energia e da informação: é, por si só, um universo. Além disso, sua mente já está ligada às outras mentes, refletindo seus universos. Na prática, isso quer dizer que o seu pensamento já absorveu o pensamento de muitas outras pessoas e que você, por sua vez, ajudou a formar o pensamento das pessoas ao seu redor.

Sua mente reflete a consciência de todas as pessoas, desde seus pais e professores, até os heróis e mesmo autores que ampliaram sua visão, acrescentando-lhe mais pontos de vista e mais compreensão, que foram incorporados a sua forma de pensar. Esses universos mentais, ou seja, todas essas mentes, se mantêm ligadas com a mente universal de todas as mentes, e refletem-na, e com o fluxo universal de toda a informação. Esse veio principal é, naturalmente, o que estamos denominando de *fonte intuitiva*. É também o que Jung chamava de *inconsciente coletivo*. Todas as informações estão interligadas, e sua mente contém o potencial para conhecê-las totalmente.

Pense em quantos artistas e *designers* parecem inconscientemente ligados às mesmas escolas de pensamento ao mesmo tempo. É o tipo de fenômeno que acontece quando determinado filme ou livro — ou mesmo um líder político — parece ressoar na mente de todos, acendendo e refletindo a própria imaginação de cada um.

Quando entramos em ressonância com alguma coisa, nos sentimos identificados com a informação que ela apresenta formando uma unidade com ela. Esse é o estado natural da intuição, um estado absolutamente abrangente de tempo atemporal e espaço sem espaço. O poeta William Blake talvez seja quem melhor descreveu esse estado quando falou do "universo num grão de areia, e a eternidade numa hora".

É claro que o caminho intuitivo não precisa ser seguido só para que conceitos importantes, como o universo e a eternidade, sejam sentidos. Qualquer objeto ou aspecto de nossa vida traz em si o potencial para nos ligar com um mundo completo de informação. O exercício 19 demonstra exatamente como é fácil que um pequeno objeto comum recupere plenamente toda uma experiência e uma época.

• *Exercício 19:* Flashback

Pense num objeto significativo da sua infância — um ursinho de pelúcia, um escorregador, uma xícara, um casaco, qualquer coisa — e tome nota do fluxo de associações que ele provoca.

Observe cada detalhe e sinta realmente do que é que você se lembra. Recorda-se de sua cama quentinha quando você era criança? Consegue ver as listras do avental de sua mãe? Fica encantado quando se lembra de uma estrelinha dourada do seu diário de escola? Consegue se ver tristonho, segurando seu baldinho de areia, no último dia das férias? Um mundo inteiro e toda uma outra época podem ser evocados por um objeto simples e aparentemente insignificante.

UM POR TODOS E TODOS POR UM

Geralmente experimentamos a sensação de plenitude com mais força vital. Sentimo-nos parte de um grupo maior mas, ao mesmo tempo, vemos a plenitude desse grupo refletida em nós, no nosso trabalho, nos nossos relacionamentos e nas nossas atividades de lazer.

Se você já participou alguma vez de um time de algum esporte ou se já sentiu o que é espírito de equipe, trabalhando num projeto da escola, do seu trabalho, militar ou num acampamento, deve entender o que quero dizer. Nessas situações, observa-se o movimento de todos por um, à medida que cada pessoa contribui com sua energia para o grupo, até que o grupo começa a demonstrar uma energia própria. Às vezes, quando um time, seja ele do que for, realmente começa a funcionar, é difícil lembrar quem fez o quê, e o que chama a atenção é que ninguém se importa com isso pois o todo está funcionando como se fosse uma coisa só.

Nas nossas famílias, vemos a nós mesmos refletidos em expressões e ações dos outros membros. Você pode se surpreender repetindo uma frase que sua mãe usava, quando você era pequeno. Pode prestar atenção em sua risada e perceber que soa exatamente como a de seu pai. Na criança, vê-se tanto o futuro adulto, quanto os pais que ela tem. No adulto, sempre é possível encontrar a essência eterna de uma criança.

Quando estamos com nossos entes queridos, percebemos seu estado de espírito e geralmente sentimos empatia quanto a isso. É importante tomar nota da ressonância especial que você sente quando está com seus entes queridos. É uma sensação que você deverá expandir para entrar em sintonia com as pessoas com quem trabalha ou com as quais deve lidar na vida diária.

• *Exercício 20: Como "ver" o seu eco*

Lembre-se das experiências de se ver nos outros (membros da família, amigos, namorados, colegas) e de ver sua situação particular refletida nas pessoas ao seu redor, e faça um registro disso.

Há alguma frase que você aprendeu com um colega ou que um colega "pegou" de você? Seu filho tem o costume de apoiar o queixo nas mãos de uma forma que lhe lembra um hábito da sua própria infância, há muito esquecido? Algum amigo, de origem diferente da sua, ou de outra parte do mundo, reflete muitos dos seus traços?

Faça uma boa lista dessas experiências num caderno que você vai passar a chamar de diário da intuição. Provavelmente, você se surpreenderá quando vir que, depois das primeiras anotações, um "eco" fará ecoar um outro, quase naturalmente.

Quando tiver material suficiente para trabalhar, tente fazer uma autodescrição a partir das qualidades e traços que você vê nos outros. (Por exemplo: tenho o sorriso do Daniel, mas "uma oitava" acima do dele. Tenho o mesmo tipo de cabelo de minha mãe, embora eu seja loiro. Tenho o humor do meu pai e a risada de minha irmã. Tenho as pernas robustas e a capacidade de resolução de minha avó, e a espiritualidade de meu avô. Tenho as mesmas covinhas do bebê.)

Para enriquecer sua composição com qualidades e mais pormenores, volte à lista original e deixe que inspire novos ecos de todos por um, conforme o necessário.

SER UMA PARTE DO TODO

A vida é feita de muitos paradoxos. Um dos maiores talvez seja o fato de que, quando começamos a nos aventurar no caminho da intuição, o que fazemos de fato é simplesmente descobrir o que já sabemos. O acesso à intuição é o processo de tornar nossa mente limitada, atenta à presença e aos recursos de uma consciência universal ilimitada.

Você já começou esse processo ao equilibrar sua energia com a energia da intuição (exercícios 16 e 17). Agora, é hora de explorar diretamente as diferenças entre sua mente individual ou eu, e sua parte superior, ou seu próprio eu intuitivo, que faz a ligação com a consciência universal. Depois de ter conhecido o eu intuitivo, você está mais próximo de poder recorrer ao seu reservatório natural como uma fonte sem fim de informação inestimável.

• *Exercício 21: Como ver o seu eu intuitivo*

Descubra um lugar confortável em que você não possa ser perturbado e que tenha um espelho por perto. Sente defronte do espelho, ou fique em pé diante dele, se preferir.

Olhando para o espelho, concentre a atenção nos seus olhos. Olhe fixamente para eles como se fossem os olhos de outra pessoa. Estude-os cuidadosamente, olhando para a face interna, atrás da máscara física. Os olhos são realmente o espelho da alma e você está olhando para sua essência interior, o eu intuitivo em oposição ao eu cotidiano. Levante-se e ande ao redor do aposento, mantendo a consciência do eu "superior" que existe por trás dos olhos.

Depois de encontrar o eu intuitivo em você mesmo, repita o exercício. Dessa vez, faça o exercício com um amigo em vez de usar o espelho, para encontrar o eu intuitivo nos olhos dele enquanto ele encontra esse eu nos seus olhos. Descobrir o eu intuitivo dessa forma geralmente cria uma sensação misteriosa, uma sensação que realmente o familiariza com o quanto somos maiores que os limites da nossa percepção cotidiana poderia sugerir.

MOTO CONTÍNUO — A SAGA INTERMINÁVEL

Toda a nossa vida e a vida de todos estão interligadas, se desdobrando e nos envolvendo continuamente. Tome-se como exemplo o oceano (que desde há muito é o símbolo da consciência universal) com suas ondas se estendendo, indo rápidas até a praia e tornando às profundezas, repetindo eternamente o mesmo processo. Considere a mudança das estações: o outono se transformando em inverno, este renascendo na primavera, esta se abrindo em verão, depois o outono, e assim por diante, sempre. Observe a contínua renovação das famílias à medida que seus membros nascem e morrem, vivendo na corrente de ancestrais e descendentes.

O desenvolvimento da consciência segue o mesmo padrão. Nossas consciências também estão em permanente desenvolvimento, continuamente ligadas ao fluxo da consciência universal. Aprenda a conhecer a singularidade do seu papel nesse fluxo e você será recompensado com informações que podem ajudar a guiá-lo em todos os aspectos de sua vida.

CAPÍTULO QUATRO

APRENDENDO O ABC

O CAMINHO DE TIJOLOS AMARELOS

Agora que você começou a explorar o seu fluxo, é hora de ir diretamente ao ponto em que ele se origina — a fonte intuitiva que está dentro de você, sempre disponível para supri-lo com consciência e informação ilimitadas. Ligar-se à intuição é uma maneira natural de você entrar em sintonia com a origem da sua capacidade de se relacionar.

Ao olhar para dentro de si mesmo, procurando a fonte da intuição, você descobre, ou redescobre, o seu próprio centro. A sensação de ter um centro é a verdadeira sensação de estar em perfeita sintonia com as próprias respostas. No final, o processo de descobrir e se ligar com a fonte intuitiva leva à descoberta de que você já estava lá. Encontrar essa fonte significa encontrar a própria sabedoria interior, ou se abrir para ela. Enfim, para ter um acesso mais rápido e direto ao eu intuitivo, você só precisa fortalecer interiormente a ligação com ele.

Neste capítulo, você aumentará a força da sua intuição através do aperfeiçoamento de técnicas familiares de uso diário. Prepare-se para aumentar as capacidades de concentração, de pensar e de falar com determinação e de criar um conjunto de imagens mentais claras. Pela concentração, afirmação e visualização plenas, você desenvolverá naturalmente a intuição e estimulará a capacidade de usá-la na vida diária.

É importante lembrar-se de que fortalecer a ligação com a intuição e ter acesso direto a ela é um processo contínuo. Você, com certeza, está sempre ligado à fonte intuitiva e pode captar-lhe as informações, valiosas a qualquer momento. Entretanto, ter consciência dessa relação e se concentrar nela com maior facilidade exige tempo e paciência.

À medida que você praticar os exercícios deste livro e que sua percepção amadurecer, descobrirá que a sua intuição tem uma maneira particular de se desenvolver. Em alguns momentos, vai sentir que suas respostas estão fluindo. Em outros, parecerá que não consegue encontrar nem a intuição nem a fonte da intuição em lugar nenhum. Mas, tendo ou não essa percepção, cada vez que estiver conscientemente ligado, estará aumentando a capacidade de entrar em sintonia com o eu intuitivo de acordo com sua vontade.

COMO FOCALIZAR A INTUIÇÃO

A ligação com a intuição é impossível sem focalização. Se você prestou bastante atenção aos exercícios anteriores, então você já usou essa técnica. Focalização, em poucas palavras, é o processo de dirigir sua percepção para a fonte da intuição. Quanto mais você aperfeiçoar sua capacidade de focalização, mais claramente sua intuição entrará em foco. Através da respiração, da descontração e da concentração, você aprenderá a técnica da focalização como um profissional.

O SOPRO DA VIDA

Respirar é mais do que levar oxigênio aos pulmões. Cada respiração é uma reafirmação da sua relação com a fonte, e a respiração consciente coloca-o em contato com a energia vital propriamente dita.

Você pode mudar o nível de consciência e o estado da mente, alterando o ritmo da respiração. Já notou como, quando você está com medo ou raiva, sua respiração é entrecortada, e você nunca respira fundo? Respirando profundamente dez vezes é possível liberar essas sensações negativas. Dessa forma, as necessidades do cérebro esquerdo são atendidas, dando-lhe tempo para fazer o que faz melhor: pensar. Depois, a respiração profunda o leva para além desse ponto, para o intuitivo hemisfério direito, que tem então a chance de lhe trazer soluções que o cérebro esquerdo não poderia jamais imaginar. Se só dez respirações simples conseguem aquietar e abrir sua mente, imagine então o quanto você poderá conseguir, quando começar a despender um pouco mais de tempo colocando a atenção consciente na focalização plena.

A primeira técnica de focalização, a "Carga Respiratória", é uma técnica eficaz e despretensiosa para liberar sua intuição durante o decorrer do dia.

• *Exercício 22: A carga respiratória*

Sente ou fique de pé numa posição em que se sinta bem, as costas retas e bem apoiadas. Feche os olhos e concentre-se completamente no processo respiratório ao mesmo tempo que inspira e expira muito profundamente, até com exagero, três vezes. Sinta verdadeiramente a liberação do ar a cada expiração. Ao respirar dessa forma, você pode começar a sentir uma leve sensação de tontura. Quando estiver completamente consciente da respiração, continue a respirar profunda e ritmicamente, não com o mesmo exagero, mas mantendo a concentração na respiração.

Coloque agora o polegar direito na narina direita, fechando de fato a passagem. Inspire e expire profunda e ritmicamente pela narina esquerda. Agora tire o polegar da narina direita e coloque o dedo médio na narina esquerda, repetindo o processo.

Alterne as narinas no mínimo três vezes, mas continue até completar doze repetições, se se sentir bem fazendo o exercício. Agora você deve estar sentindo um pouco de tontura, portanto, tenha calma, siga seu próprio ritmo e pare quando achar que já é o suficiente.

Esse exercício desbloqueia os dois lados do cérebro. É um método que tem sido usado, com grandes resultados, por velhos iogues e modernos executivos. Experimente fazê-lo a qualquer momento do dia, quando sentir que precisa aliviar a cabeça. O exercício promove um rápido desbloqueio mental, abrindo-o quase instantaneamente para o fluxo da própria intuição.

CALMA!

A respiração focalizada leva ao relaxamento — algo realmente útil a todos nós. É muito importante se sentir relaxado e liberar seja o que for que possa estar nos impedindo, física ou mentalmente, de nos relacionarmos com nossos recursos intuitivos. O monólogo interior contínuo e as dores musculares no pescoço podem ser igualmente perturbadores. Quem já não ouviu dizer que o corpo é o templo da alma? Isso se traduz pela necessidade de mantermos nossa espinha e pescoço relaxados, pois eles formam uma passagem de importância crucial entre o corpo e a mente. E a energia da intuição precisa de um caminho, mental e físico, o mais direto possível.

Parece que muitos de nós sabemos disso inconscientemente. Durante o dia, instintivamente, espichamos e giramos o pescoço, para poder respirar melhor e pensar com mais clareza. Para um aquecimento consciente, visando receber informações intuitivas, precisamos praticar os giros do pescoço e o endireitamento da espinha, rotineiramente.

• *Exercício 23: O movimento pendular do pescoço*

Primeiro, comece a respirar profunda e ritmicamente, exatamente como fez no exercício anterior (exercício 22: "Carga Respiratória"). Comece depois a mover delicadamente o pescoço. Primeiro, faça um movimento pendular para a frente, na direção do peito. Depois, espiche-o para trás algumas vezes. Faça alguns movimentos pendulares na direção do ombro esquerdo e depois na direção do ombro direito.

Vá com calma! Você pode estar com mais tensão nessa área do que imagina — a maioria das pessoas apresenta "nós" de tensão pelo corpo, e essa é uma das áreas mais propensas a eles.

O exercício seguinte tem duas partes — uma mais física, e outra mais mental. Juntas, relaxam a espinha e desfazem a tensão nela. Experimente fazer as duas partes, como um gato se espreguiçando logo pela manhã ao acordar, para ajudar o início do seu dia.

• *Exercício 24: Para endireitar a coluna*

PUXÃO NO OMBRO. Respirando profundamente, leve o braço direito para cima e para trás de modo que o cotovelo direito fique na mesma altura do topo da cabeça. Em seguida toque o centro da parte superior das costas com a mão direita (que já deve estar aí).

Com a mão esquerda, puxe delicadamente o cotovelo direito para o lado esquerdo, até sentir uma leve tração no ombro direito. Mantenha essa posição enquanto conta até seis, depois relaxe, deixando os braços caírem suavemente pelas laterais do corpo. Repita o procedimento com o lado esquerdo.

Continue repetindo até ter feito isso pelo menos três vezes com cada ombro. Sente a diferença agora? Acho muito relaxante fazer esse exercício a qualquer hora do dia, principalmente quando estou-me sentindo tensa. É bom saber que abrir-se para a intuição também faz você se sentir muito bem!

PUXÃO COM O CORDÃO PRATEADO. É melhor fazer esse exercício sentado numa cadeira bem apropriada, mantendo a espinha ereta. Continue a respirar profundamente, mantendo a cabeça perfeitamente reta. À medida que respira, comece a se concentrar no topo da cabeça e respire nessa área, visualizando um cordão prateado bem no centro e no alto da cabeça, que o puxa suave e sutilmente para cima, harmonizando o corpo físico com o campo energético pessoal.

Sinta agora a espinha, a cabeça e o pescoço se espichando tranqüilamente, "levantando" assim a cabeça, com muito sutileza. Concentre-se em "ver" a espinha endireitar, enquanto continua a respirar profundamente, bem relaxado, procurando manter-se relaxado nesse processo, em vez de tensionar.

Quando se sentir mais harmonizado, volte às suas tarefas normais, ou passe para o próximo exercício.

A LIGAÇÃO ENTRE RELAXAMENTO E CONCENTRAÇÃO, OU NA QUIETUDE DA FORÇA

O relaxamento também é, com certeza, o processo de liberação. Quando relaxamos, liberamos nossos medos, dúvidas, ansiedades e até as sensações físicas que nos impedem de receber comunicações intuitivas. O relaxamento envolve de fato um processo para revigorar a mente, assim como o corpo. Quando relaxamos, nos abrimos ao nosso eu intuitivo, simplesmente deixando sair a bagagem mental que carregamos na consciência de todos os dias.

Encontramos um bom exemplo de como esse processo funciona no mundo do teatro. Quantas vezes você já ouviu alguma história sobre artistas que passaram por algum trauma antes de subir ao palco, para depois entrar naquela conhecida situação que costumamos chamar de o "*show* tem que continuar"? Inspirados pelo calor do momento a tirar o foco de atenção dos próprios problemas, esses artistas conseguem seguir o fluxo da própria atuação sem interrompê-lo, até que as cortinas se fechem. Para cada um de nós, em todos os caminhos da vida, uma fácil focalização diária pode nos proporcionar o mesmo tipo de liberação incondicional e eficaz direcionamento energético.

CONCENTRAÇÃO

Depois de respirar, relaxar e liberar — os elementos de aquecimento nos quais você precisa estar focalizado — você precisa se concentrar, realmente, para completar a mudança de focalização da percepção cotidiana, para a percepção mais ampla do fluxo. A concentração confere uma sintonia fina ao processo de focalização — permite que você deixe de se sintonizar no pensamento comum do dia-a-dia, de modo a poder se sintonizar diretamente com a própria sabedoria interior.

Sintonizar-se significa aquietar a mente, e quem quer que já tenha tentado fazê-lo por qualquer espaço de tempo sabe que nem sempre é fácil. Os pensamentos afloram ligeiros, competindo pela atenção, como crianças exigentes, manhosas. Quanto mais você tentar se concentrar e ficar em paz, mais exigentes e persistentes eles se tornam. Esses pensamentos podem variar desde recordações triviais como: "Tenho que pegar meu paletó na lavanderia" até dúvidas irritantes do tipo: "Mas o que é que eu estou fazendo aqui?"; você pode se lembrar de uma coisa recente, ou de algo há muito esquecido — a letra de uma música, a melodia da canção preferida, ou uma cena de um filme ou de um comercial de tevê.

Pode até sentir certa ansiedade à medida que o hemisfério esquerdo do cérebro começa a ser posto de lado. Certo medo do desconhecido pode tomar conta de você, à medida que você sai da segurança do pensamento lógico do cérebro esquerdo e passa a uma consciência mais livre e solta, que lhe parece nova.

Se você conseguir relaxar com esses sentimentos, em vez de lutar contra eles, vai com certeza experimentar uma agradável sensação de flutuação, muito parecida com a de adormecer. Confie nela e tenha certeza de que não está entrando em águas perigosas. Aproveite a viagem, sabendo que pode flutuar o quanto quiser e, depois, quando tiver vontade, voltar. Continue respirando profunda e ritmicamente. Experimente o fluxo e as impressões que ele lhe trás, sem fazer avaliações nem análises de qualquer tipo.

Quando os pensamentos vierem à tona, não lute contra o hemisfério esquerdo. A resistência só serve para dar energia àquilo contra o que você está resistindo, criando um círculo vicioso de imobilidade mental. Por outro lado, respirar seja no que for que você esteja pensando ou sentindo permite liberar esses pensamentos, ao mesmo tempo que ocorre uma abertura para um estado superior de percepção.

Na medida em que você coloca de novo a consciência na respiração, descobrirá que seus pensamentos flutuam de volta para a mente.

CONCENTRAÇÃO TOTAL

Relaxado e com a mente tranqüila, você está pronto para entrar numa fonte de informação muito maior. A concentração permite que você se abra a essa informação, e que a percepção lhe ocorra sem passar primeiro pelo crivo da mente. Lembre-se, você está buscando o sentimento intuitivo — uma percepção fluida, canalizada através do hemisfério direito numa nova linguagem, que a percepção normal, cotidiana, precisará reaprender. Portanto, é extremamente importante deixar que a informação flua quando você se sintonizar com ela pela primeira vez — simplesmente deixe-a vir.

Posteriormente, você poderá levá-la ao hemisfério esquerdo para avaliar, analisar, interpretar e arquivar o que recebeu. Mas o principal motivo para desenvolver a concentração é deixar que a mente se abra para receber dados sem interrupção nem críticas.

Você pode experimentar facilmente a concentração mental plena com o auxílio de um método clássico usado por praticamente todos os que praticam a meditação, desde o mais avançado iogue, até o principiante que procura diminuir a tensão. Trata-se de um exercício não-linear, apropriado para a abertura ao fluxo intuitivo. Talvez uma ou duas experiências com ele bastem para se habituar à experiência de receber a informação integral e, depois, para que a intuição passe a fluir até você de outras maneiras. Ou você pode descobrir que essa forma particular de se sintonizar com a linguagem não-linear é perfeita, e querer continuar praticando-a regularmente.

• *Exercício 25: Concentração total: um exercício de concentração e contemplação*

Acenda uma vela branca ou escolha uma bela flor fresca para concentrar a atenção. Se preferir a vela, procure deixar o ambiente com uma iluminação difusa para poder focalizar a atenção na chama com facilidade. Em qualquer dos casos, quanto menos distrações visuais ou sonoras tiver o ambiente, melhor.

Volte a atenção e a percepção plenas para o objeto escolhido. Olhe realmente para ele. Devore-o com os olhos, deixando de lado qualquer pensamento que lhe ocorra enquanto se concentra na vela ou na flor.

Mantenha a focalização e respire profunda e ritmicamente. O seu único objetivo é se concentrar. Tente não prestar atenção a nenhum detalhe. Simplesmente respire e envolva a vela ou a flor na respiração, formando um todo. Continue focalizando o todo pelo menos de dois a cinco minutos.

Depois desse exercício, você poderá se sentir muito revigorado. Pode até mesmo chegar a ter algum tipo de revelação — uma nova idéia, um vislumbre, ou enxergar um problema ou situação por um novo ângulo. Ou poderá também não sentir nada. Não se preocupe. Seja qual for o resultado, lembre-se de que tudo isso faz parte do processo, e que sua capacidade de concentração, cada vez maior e ininterrupta, sem interferência do intelecto, é uma parte importante do desenvolvimento geral da aptidão interior.

Para aumentar a capacidade de atingir a intuição através da concentração — o que é na realidade uma forma de meditação — tente a variação da focalização plena, descrita no exercício que se segue. Esse exercício é um grande desencadeador de energia. Provavemente, você se sentirá relaxado depois de realizá-lo e, quem sabe, até reenergizado. Eu mesma, antes de entrar em contato com um novo cliente, de me sintonizar com ele, faço esse exercício, que ajuda a abrir os canais quase imediatamente. Eu também o incorporei a minha rotina diária para continuar mantendo os canais abertos e desenvolver clareza. Tente colocá-lo na rotina diária e veja o que uns poucos minutos por dia são capazes de fazer em benefício da sua concentração, intuição e criatividade.

• *Exercício 26: Concentração total nos pontos de energia*

Em vez de focalizar a atenção na vela ou na flor, como fez no exercício 25, escolha um dos três centros de energia como ponto focal: o da terceira visão, o coração ou o plexo solar. Respire no ponto que escolheu, tendo de novo como único objetivo o foco propriamente dito. Da mesma forma que no exercício anterior, continue respirando durante dois a cinco minutos.

AFIRMAÇÃO DA LIGAÇÃO

Esta focalização tranqüila, mas realçada, prepara o caminho para a segunda forma, mais ativa, de concentração. Esta, por sua vez, entra em sintonia fina com a fonte da intuição, dando-lhe mais substância — é uma ligação através das palavras, que cria uma ponte entre o que foi visto e o que não foi visto. A ponte é atravessada por intermédio da afirmação, que significa literalmente "tornar firme". Quando expressamos a intenção de nos relacionarmos com a fonte intuitiva, estamos "firmando" essa ligação, deixando que ela se manifeste sob a forma de uma intuição que flui para nós.

Uma afirmação pode ser pensada ou pronunciada em voz alta, podendo funcionar tanto como um vínculo — por exemplo, ligando-se a sua intuição — como confirmação — provando sua percepção da realidade. As palavras realmente focalizadas têm um grande poder de fazer com que suas idéias e desejos pareçam mais reais e mais plenamente realizados.

Pela afirmação, você pode transformar a intuição em algo mais real — usando-a mais intensamente na vida diária. Se você já fez os exercícios de equilíbrio energético (16-18), provavelmente já tem consciência do poder da afirmação verbal.

AFIRMAÇÃO DA SUA REALIDADE

Todos os dias, fazemos afirmações, quer nos demos conta disso ou não. Nossa vida é a afirmação do nosso modo de ver a realidade. Assim como a percepção da fonte intuitiva acelera nossa harmonização com ela, também nos harmonizamos positiva ou negativamente com o que percebemos como verdade na vida diária. Se você disser ou pensar freqüentemente que não é intuitivo nem criativo, essa será a sua realidade.

Felizmente, nós também fazemos afirmações positivas espontâneas, quando dizemos, por exemplo, "as coisas se resolvem por si". Longe de serem inconseqüentes, essas afirmações aparentemente acidentais podem ter soluções realmente criativas para problemas delicados. Por exemplo, um especialista em *marketing* que conheço, quando está enfrentando uma situação difícil, muitas vezes se vê repetindo para ele mesmo: "Eu sei que há uma saída!"

Para a satisfação de seus colegas, ele geralmente tira uma de suas "cartas na manga", valendo-se do contato direto que ele estabeleceu através da afirmação com as respostas que procura.

Experimente o exercício que se segue para tornar-se mais consciente do poder da afirmação na sua vida. Comece tomando consciência de que um pouco do que lhe foi dito, ou mesmo do que você diz e pensa a seu respeito, pode não ser toda a realidade e sim só uma parte distorcida dela.

• *Exercício 27: O poder da palavra*

Deite-se ou sente em um ambiente tranqüilo, sem nada que o distraia. Respire profunda, lenta e ritmicamente e comece a pensar na infância. Lembre-se de uma época em que alguém com ascendência sobre você, um dos seus pais ou um amigo, lhe tenha dito algo que mais tarde se concretizou. Alguma coisa parecida com "Como você é inteligente!", ou "Sabe, você não tem muita inclinação para o esporte." "Você não é muito colaborador." "Você é suscetível demais." "Vou sempre confiar em você." "A sua irmã é a mais inteligente, você é a mais bonita."

Sentiu a emoção do reconhecimento? Essas afirmações se aproximam do que lhe aconteceu e ainda acontece? Você ainda as aceita como parte da sua realidade? Conscientize-se de que agora está pronto para aceitar ou não qualquer definição da sua própria realidade, livremente.

Observe agora a vida diária e repare como as afirmações atuais estão transmitindo o que você pensa de você mesmo. Perceba as declarações, diretas ou indiretas, que lhe faz seu patrão, as pessoas queridas, os parentes etc., assim como as declarações que você faz para você mesmo.

Elas reforçam aquelas afirmações da sua infância? Representam uma necessidade de melhorar sua auto-imagem? Quanto mais positivo e seguro você for na vida diária e nos exercícios, mais positiva será a realidade da sua intuição e maior a sua criatividade.

A capacidade de criar essa realidade melhora bastante através da estrutura positiva que você constrói para você mesmo, tanto pelas suas asserções rotineiras, como pelas afirmações das pessoas próximas a você. Todos nós somos capazes de captar as freqüências dos outros. É por essa razão que muitas pessoas que se encontram num caminho de desenvolvimento da consciência, optam por partilhar as experiências e até os exercícios. Nos grupos, a energia positiva se amplia, recompensando cada uma das pessoas envolvidas com informações mais diretas e maior percepção.

AFIRMAÇÃO POSITIVA

Esteja sempre consciente das afirmações que o envolvem e das que emanam de você. Provavelmente, você pode fazer esses exercícios corretamente durante alguns minutos por dia, mas se passar o resto do dia hesitando apreensivo ou em qualquer outro estado mental negativo, os esforços que fez de nada servirão.

Pense em aceitação — de você mesmo e da sua ligação com a fonte intuitiva. Pense também na aceitação do processo de formação desse vínculo e de torná-lo mais forte. Pense depois em repetição — da afirmação positiva desse vínculo — e terá a receita perfeita para a "afirmação positiva".

COMO FAZER AS SUAS PRÓPRIAS AFIRMAÇÕES

Se você não tem muita experiência em fazer afirmações, o conceito pode ainda lhe parecer um pouco estranho ou até ingênuo. Por favor, lembre-se: As sugestões que se seguem são só isto: sugestões. Pôr em prática as afirmações na vida diária pode ser de uma tal eficácia, que eu o aconselho a tentar. Mas sinta-se à vontade para escolher as palavras que quiser. E embora fazer afirmações em voz alta possa funcionar como o "empurrão" final que faltava para concretizá-las, se isso lhe causar mal-estar, simplesmente pense nas palavras — isto é, faça afirmações interiormente.

Pode ser útil pensar nas afirmações como um modo de conferir à mente uma voltagem mais alta, para que se ligue a uma consciência maior e mais ampla. Isso, por outro lado, permitirá que grande parte daquilo que você busca, realmente se manifeste em sua vida.

Para criar as próprias afirmações, na verdade só há duas orientações muito simples. Em primeiro lugar, lembre-se de fazer qualquer afirmação no presente, como na essência atemporal do fluxo. E, em segundo, lembre-se de fazer sempre afirmações positivas, pois é com a realidade positiva que você está procurando se harmonizar. Em outras palavras, tome conhecimento e afirme que a intuição, criatividade e orientação inspiradas que você procura já existem, que com certeza irá encontrá-las.

• *Exercício 28: Guia do tipo "faça você mesmo" para a sua afirmação*

Quando você está no tempo presente e mantém uma atitude positiva, precisa também ter em mente que já está ligado e em pleno processo de receber o que está afirmando. É por esse motivo que muitas afirmações conscientes começam com a frase "Eu sou".

"Eu sou" é o abre-te sésamo da afirmação, e é por isso que dizer ou pensar "Eu sou um imbecil" ou "Eu não vou conseguir resolver isso nunca" pode influenciar profundamente o desfecho de qualquer situação. Em vez disso, você certamente preferirá fazer uma afirmação do tipo "Eu sou", acompanhada por uma declaração das possibilidades mais positivas e inesperadas. Isso é certamente uma afirmação do poder quase ilimitado do eu intuitivo.

Experimente afirmar: "Agora, estou aberto para (ou estou me abrindo para, me abro para etc.) um fluxo ilimitado de consciência / criatividade/intuição..." ou o que você quer afirmar.

Sempre se lembre de que, quanto mais plenamente aceitar e afirmar a ligação intuitiva com a fonte, mais poderá se utilizar da própria consciência ilimitada. Depois de ter declarado seu desejo ou intenção, compreenda que a semente da sua manifestação foi plantada; então, deixe-a ir em frente! Você vai colocar em ação a poderosa mecânica da lei de causa e efeito. O que foi semeado certamente será colhido. Você pode se manter na prática suave e firme enquanto o eu intuitivo processa e alimenta a intenção que você traduziu em palavras. Quanto mais desejoso de confiar nessa dinâmica, mais depressa suas respostas começarão a fluir da fonte de intuição interior para o conhecimento do dia-a-dia.

VISUALIZAÇÃO: VISÃO COMPLETA DO QUADRO

A focalização suave nos possibilita viver a experiência da fonte intuitiva. A afirmação ativa coloca em movimento nossa intenção. A visualização, a técnica que nos permite receber e projetar imagens mentais nítidas, é o último elemento que precisamos para reforçar a intuição. Nessas imagens se encontra uma grande quantidade de informação. Embora as técnicas atraiam várias pessoas, a visualização talvez seja dentre todas elas a que promove com mais força um vínculo com a fonte intuitiva.

Todos nós sabemos por experiência própria dos dias em que passamos as tardes nas matinês de cinema, e do poder que têm as palavras e imagens quando usadas em conjunto. Um filme pode começar pelo roteiro, mas quando as palavras e as imagens atuam juntas, são muito mais expressivas que apenas o diálogo. A visualização aumenta a intenção de ligação expressada pela afirmação, multiplicando muitas vezes o poder dessa intenção.

A visualização, como a afirmação, é uma poderosa modeladora da realidade cotidiana. Assim como as afirmações verbais determinam nossa percepção, a visualização mental consciente também irá modelar e reforçar o modo de vermos a vida. A mesma ponte entre o que é visto e o que não é visto se forma quando se usam expressões correntes como "imagine isso", para descrever algum projeto ou plano em andamento que está se concretizando.

A psicologia e a medicina esportiva se utilizam desse recurso há décadas. Nos anos 20, um estudo médico provou que, quando os pacientes se concentram em retratar o movimento de um músculo, provocam a verdadeira experiência do movimento físico. Atualmente os atletas usam a visualização como rotina para melhorar o desempenho.

Por exemplo, muitos patinadores olímpicos dizem que passam a hora anterior ao início de uma competição focalizando a atenção, a partir da parte externa do estádio, na programação que irão ter e, finalmente, no gelo. Só quando a visão é focalizada com exatidão no melhor desempenho possível, ignorando a audiência e o painel eletrônico de julgamento, é que se sentem em condições de realizar realmente o melhor. Os atletas de salto em altura são treinados para substituir as imagens mentais do grande obstáculo, as quais podem intimidar, por imagens muito mais construtivas, em que esses atletas se vêm "vendo" por sobre a vara. O sucesso desses métodos de visualização tem sido verificado inúmeras vezes em artigos sobre psicólogos esportivos e nos desempenhos vitoriosos dos atletas a quem eles assessoram.

Mais adiante, faremos alguns exercícios de sintonização visual que serão acrescentados ao seu repertório de crescimento, mas em primeiro lugar vamos examinar o papel importante que a visualização já desempenha na sua vida diária.

MEMÓRIA E IMAGINAÇÃO

A perspectiva de visualizar pode intimidar as pessoas que se sentem mais à vontade com a voz interior ou com os sentimentos, do que com imagens visuais. No entanto, existem duas fontes fundamentais de imagens mentais que fluem naturalmente na vida e para as quais você está sempre disponível.

Seus nomes? Memória e imaginação. Quem nunca recordou a imagem distante de um ser amado, ou a imagem do mar no último verão, reluzente sob a luz dourada do sol? A lembrança através de imagens visuais é geralmente o substituto mais realista das coisas reais, e os devaneios que nos ocorrem no dia-a-dia são geralmente tão ricos visualmente quanto a própria realidade. É comum vermos uma casa ou um carro de modo pormenorizado num sonho e, certamente, qualquer criança que tenha amigos imaginários consegue descrevê-los nos mínimos detalhes.

Recordar e imaginar são práticas espontâneas de visualização, que nos sintonizam diretamente com a intuição. Cada recordação que surge confirma o poder inato da visualização e cada fantasia em que você embarca mostra seu potencial para receber imagens preciosas da fonte intuitiva.

Para os nossos objetivos, a diferença principal entre os fluxos de memória e imaginação que estão sendo gerados é que as memórias são imagens de fatos já ocorridos, enquanto a imaginação se refere ao que ainda está por vir. Em alguns casos, o processo que envolve imaginar cria imagens que têm vida exclusivamente na mente. Em outros, o processo revela fatos que realmente se realizam. Dentro do contexto do contínuo tempo/espaço, o fenômeno de perceber antecipadamente as experiências que irão ocorrer é como voltar ao futuro para ter acesso à memória do passado já esquecido. Não importa se isso parece confuso. O caminho intuitivo está cheio de paradoxos, e certamente eles não são mais numerosos do que os do processo de visualização.

O que você deve fazer com as imagens que ora se materializam, ora não? E como saber a diferença entre elas? Não se assuste — o capítulo 5 (página 87) lhe dirá como. Por enquanto, simplesmente fique atento ao importante papel prático que sua imaginação já deve estar desempenhando na sua vida diária, e à fluência na linguagem visual que você já desenvolveu durante uma vida de recordações.

O exercício seguinte ajuda a descobrir como é fácil usar a visualização, perceber toda a riqueza de informação que uma figura inicial contém e a ver por si mesmo como outros tipos de impressão estão intimamente ligados à visualização.

• *Exercício 29: O poder da imagem*

Descubra um lugar bem tranqüilo, sem nada que o perturbe. Feche os olhos e comece a respirar profunda e regularmente, à medida que evoca uma cena da natureza que aprecia muito e que seja forte — o oceano, as montanhas ou o deserto ao amanhecer.

Observe com que facilidade e nitidez essa imagem lhe vem à mente e, depois de senti-la como um todo, comece a explorar a riqueza de seus pormenores. Que cores está vendo? Existe alguma forma ou textura que você nunca viu antes? Que elementos da natureza lhe causam prazer e o que lhe diz a luz sobre a hora do dia? Como você sente o ar? Que outras impressões sensoriais evocam os detalhes dessa imagem?

Em seguida, acrescente a imaginação. O que você gostaria de estar fazendo nesse cenário, ou o que você está fazendo nele? Perceba onde as coisas poderiam estar dentro da cena que você criou. O que os pensamentos revelam sobre você, sobre essa imagem, ou sobre o que você gostaria de estar fazendo?

Muito bem. Você se utilizou exclusivamente da memória, do devaneio e da imaginação para receber informações a seu respeito, canalizadas visualmente. Você notou alguma diferença entre cada sensação? O mais provável é que tanto a parte recordada como a imaginada tenham a mesma riqueza de detalhes. No capítulo 5, à medida que você for utilizando imagens visuais e outras sensações para ajustar a captação intuitiva, descobrirá que o acesso à intuição é como trazer à memória uma lembrança particularmente nítida e depois explorar as revelações que as imagens visuais experimentadas com grande elaboração têm a lhe oferecer.

Por favor, lembre-se de que a visualização, da mesma forma que o desenvolvimento da intuição, é um processo que se desenvolve aos poucos. Esses sentimentos — vozes fracas se fazendo ouvir internamente e outras sensações que podem ocorrer com maior freqüência — são de fato o que costumo chamar de visualizações pré-visuais. São as etapas que vão levá-lo a alcançar o grande quadro, se seguir o fluxo.

À medida que cada vez mais informações começarem a ser visualizadas, é bom ter em mente o seguinte: impressões intuitivas de qualquer tipo não dizem o que devemos ou não devemos fazer. Podem fazer que antevejamos certos acontecimentos ou tendências, ou que tenhamos o pressentimento delas, e em seguida do que é provável que aconteça, isso se for possível que determinada tendência tenha como se desenvolver. Nós é que temos de resolver o que fazer com o que a nossa intuição nos revela. E agora, vamos em frente!

• *Exercício 30: Pintando o seu próprio quadro*

Passe alguns minutos fazendo algum exercício de focalização total ou de equilíbrio energético e respirando algumas vezes, profundamente. Quando se sentir relaxado e disposto, feche os olhos. Visualize então uma tela branca vazia.

Continue respirando, mergulhando nessa imagem enquanto forma um quadro na tela, com todos os detalhes. Você pode estar no seu quarto, ou em frente à tevê. É nessa tela que o eu intuitivo vai passar o "filme do seu futuro".

Quando a tela estiver clara e luminosa, invoque o eu intuitivo dizendo ou pensando alguma coisa como: "Abro-me para o eu intuitivo. Autorizo-o a mostrar-me tudo o que quiser acerca do meu futuro."

Nesse momento, você está pronto para se colocar na tela. Em primeiro lugar, dê vazão às suas imagens, até que uma, mais significativa e familiar, lhe venha à mente. Se você não receber uma imagem visual logo no início, prazenteiramente deixe que brote um sentimento, frase, cheiro ou qualquer outra impressão particularmente importante, até que se transforme numa visão. Você está sentado num quarto de criança, rodeado de brinquedos? Num escritório, curvado sobre uma mesa? Você se vê como um gato, um cisne ou um carvalho?

Quando essa primeira imagem estiver clara e luminosa, flua com ela, como fez no exercício anterior, e veja que novas imagens e situações se desenvolvem a partir dessa primeira fonte. Há crianças que vêm brincar com você no quarto de brinquedos? As pilhas de papéis, na mesa do escritório, crescem até formar uma parede na sua frente? O cisne desliza sem esforço em direção a uma nova e atraente margem? O gato está implorando para sair, para dar uma volta?

Continue fluindo até que a visão se complete. Não a corrija nem julgue; veja apenas que imagens surgem. Mais tarde, você pode consultar a lista de Checagem Visual/de Sentimentos do capítulo 5 (página 95) para interpretar qualquer símbolo que suas imagens tenham apresentado, decodificando a mensagem.

O que as imagens lhe dizem sobre sua maneira de perceber a sua realidade? Você pode tomar alguma medida em função do que viu? Como você gostaria de rever o quadro da vida para que ele refletisse a realidade que você deseja? Assim como você recebeu imagens do eu intuitivo sobre sua vida e seu futuro, da mesma forma você pode projetar as imagens que deseja ver sobre sua própria realidade interior e, posteriormente, exterior.

Passe o filme agora. Dessa vez, você é que é o diretor. Acrescente novas imagens, para alterar o equilíbrio visual de maneira a ilustrar mais exata e positivamente a projeção do seu desejo. Passe o filme de vez em quando. O que se alterou no filme e na vida cotidiana? O que não mudou? Que elementos visuais você gostaria de acrescentar? Acrescente-os!

Você agora explorou as três diferentes maneiras de sintonizar diretamente — e fortalecer — a ligação intuitiva com a fonte. A maioria das pessoas trabalha melhor na seqüência apresentada aqui. Mas, uma vez estando familiarizado com os efeitos de cada uma, você pode achar que uma seqüência ou seleção, ligeiramente ou completamente diferente, é melhor no seu caso. Com o tempo, você pode achar que se sai melhor com determinada técnica e que algumas funcionam melhor para você em certas situações, ou quando está tentando conseguir determinado tipo de informação. Siga sua própria opinião, assim como segue o fluxo de intuição, conferindo de vez em quando com o eu intuitivo, para ter certeza de estar fazendo essa ligação da forma mais direta e forte possível.

CAPÍTULO CINCO

COMO ORGANIZAR TUDO

Agora que aprendeu o fundamental, você dispõe de todas as ferramentas necessárias para começar a receber e usar a informação intuitiva. A partir de agora, você está pronto para ficar afinado com suas novas técnicas e organizá-las através da "sintonização", da "pintura do quadro" e da interpretação do material obtido.

Em que medida você conseguirá realizar isso? Bem, em primeiro lugar, você aprenderá a desenvolver o sexto sentido natural, desenvolvendo os outros cinco que utiliza normalmente no seu dia-a-dia. Depois, tentará praticar algumas técnicas fáceis, para aprender a usar esses cinco sentidos de uma forma modificada e iluminada. Os sentidos recém-aguçados começarão a perceber as peças do quebra-cabeça do hemisfério direito do cérebro, e o senso intuitivo que começa a desabrochar haverá de pôr-se a trabalhar, à medida que você começa a transformar esses fragmentos em quadros completos e compreensíveis — que se completam com a história. Pedaço por pedaço, quadro por quadro, você compreenderá toda a verdade das suas introvisões, criatividade, intuição e orientação.

Parece complicado? Relaxe! É mais fácil do que você pensa. Lembre-se sempre de fazer antes um aquecimento (alguns movimentos pendulares do pescoço, respirar profundamente e um pouco de focalização plena), e depois simplesmente aproveitar.

O primeiro exercício, "Como Formar Imagens com o Olho da Mente", baseia-se na capacidade de visualização que você começou a desenvolver no capítulo 4. É uma técnica realmente divertida e pode ser praticada por você sozinho, ou com um parceiro, ou mesmo com um pequeno grupo. A técnica para imaginar o olho da mente exercita o poder da visualização intuitiva, aumentando a capacidade de receber informações intuitivas e de enxergar claramente o quadro, em qualquer situação.

• *Exercício 31: Como formar imagens com o olho da mente*

Como sempre, comece ficando à vontade num ambiente tranqüilo em que não haja nada que o distraia, e faça um aquecimento como foi sugerido antes. Em seguida, escolha uma revista ou um livro com ilustrações (livros geralmente colocados nas mesas de centro para serem folheados funcionam muito bem para essa finalidade), dentre os que você tem. Depois de ter feito o aquecimento, folheie o livro ou a revista de olhos fechados e deixe a mão descansar ao acaso, em qualquer página. Então, faça uma afirmação (para você mesmo ou em voz alta) de alguma coisa como: "Neste instante, abro a mente para o quadro que está diante de mim. Consinto em que o quadro se desenvolva na minha mente."

Através do olho da mente, visualize a tela branca que você evocou anteriormente no exercício 30, "Pintando o Seu Próprio Quadro". Algumas pessoas se imaginam, de fato, numa sala particular com uma tela. Outros vêem a tela branca como uma tela de tevê. Imagine o que preferir. Enquanto respira na imagem, libere suavemente qualquer réplica crítica da mente, deixando-a fluir para a periferia da percepção e, depois, se dispersar.

Em seguida, focalize a página que a mão está segurando para que se forme um quadro na sua tela interior. Como sempre, deixe que todas as imagens que surgirem se desenvolvam plenamente, sem nenhum questionamento, análise, correção ou julgamento. Explore essas imagens, sentimentos ou outros detalhes sensoriais e observe o que vem à tona, prestando uma atenção especial às primeiras impressões.

Que semelhanças você pode perceber entre o seu quadro e o da revista? Existe alguma ligação entre cores, formas, sentimentos ou estados de espírito? Você vê algum fragmento de um dos detalhes da figura? Seria a figura uma versão mais simples, talvez simbólica, da figura da revista? Algum sentimento acompanhou essa imagem interna dando-lhe mais informações sobre a figura da revista? Lembre-se, o objetivo desse exercício não é "acertar" tudo.

Os tipos de correspondências que você perceber vão lhe dizer muito sobre a sua própria linguagem intuitiva pessoal. Por fim, você irá aprender como completar as visões, usando essa linguagem, e a traduzir essas visões em idéias e soluções plenamente compreendidas. Uma olhadela na experiência de outras pessoas pode ajudar a ter vislumbres a seu próprio respeito. Quando um aluno meu praticava a imaginação com o olho da mente, a tela interior lhe revelava um quadro de uma plantação de limoeiros. A ilustração da revista em questão representava um grupo de árvores num dia de verão, e meu aluno deduziu que, para ele, os limões eram um símbolo da luz do sol. Em outra classe, tentamos a primeira variação em grupo descrita no exercício 32. Dessa vez, a foto era a de um vaso de flores com formato muito peculiar, e um aluno logo imaginou a figura de um presunto defumado, pendendo de uma viga. Todos morremos de rir ao perceber que o presunto tinha o mesmo formato do vaso de flores. E meu aluno fez uma descoberta importante sobre a maneira de a intuição lhe transmitir mensagens.

Você pode perceber uma cor, determinado tipo de luz, um sentimento ou um som que de alguma forma representa a imagem com a qual você está sintonizado, ou pode ser um dos felizardos que recebe naturalmente quadros precisos e com pormenores na primeira tentativa. Independentemente dos resultados, não os corrija nem critique. Registre as impressões, principalmente as primeiras, e observe que tipos de padrões surgem.

Se for muito fácil para você imaginar o olho da mente em companhia de um parceiro ou de um pequeno grupo, tente fazer as duas próximas variações do exercício. Numa situação de grupo, você também tem a oportunidade de explorar a capacidade de enviar ou projetar imagens visuais, assim como de aguçar a capacidade de recebê-las. Em segundo lugar, a energia focalizada por um grupo amplifica muito as imagens intuitivas e a energia que diz respeito a todos os seus membros. A experiência pode ser extremamente motivadora!

• *Exercício 32: Como formar imagens com o olho da mente na companhia de um parceiro ou de um pequeno grupo*

Depois dos aquecimentos, escolha um dos membros do grupo para ser o emissor. Faça com que essa pessoa, por sua vez, escolha uma figura de uma revista ou de um livro. Em seguida, faça com que todos visualizem uma tela branca vazia, no meio de suas testas. O remetente vai transmitir a imagem a todos, da mesma forma que um sinal de televisão é enviado para vários aparelhos de tevê a partir de uma estação de transmissão. Enquanto isso, os parceiros receptores verão as imagens aparecerem nas próprias telas.

Antes de começar, faça com que todos verifiquem se as telas estão vazias. Depois, diga ao emissor para focalizar a imagem escolhida, primeiro olhando fixamente para ela e depois visualizando-a na tela do olho da mente. Instrua o emissor para se concentrar em enviar essa imagem ao resto do grupo.

Se você for o emissor, tente respirar no centro da testa, sentindo e vendo conscientemente a imagem se projetar para fora, num feixe de luz. Se for um receptor, observe o que se desenvolve na tela branca, exatamente como fez no primeiro exercício com o olho da mente.

Anote suas impressões, principalmente as primeiras. Em seguida, troque os papéis, até que todos tenham a chance de ser emissores. Uma vez mais, não se inquiete com o que você “pegou”, ou com quem enviou ou recebeu mais claramente. Todas as pessoas têm forças naturais que só podem ser descobertas através da investigação.

• *Exercício 33: Imaginando a natureza*

Escolha quem vai enviar a imagem e quem vai recebê-la, como no exercício anterior. Agora, em vez de procurar olhar um livro ou revista, diga ao emissor que transmita uma cena da natureza que lhe é familiar para o resto do grupo. O mundo da natureza pode ser visto como a imagem primitiva fundamental e, sempre que suas visões são enviadas ou recebidas, a recompensa é o recebimento de um sinal energético extremamente forte e claro, que aumenta a nitidez da imagem.

Depois do aquecimento, diga ao emissor que visualize uma tela branca vazia, enquanto os outros membros do grupo fazem o mesmo. Quando todas as telas estiverem prontas, peça ao emissor que projete uma cena da natureza para o resto do grupo. Essa cena pode ser uma casa na praia, um campo com cavalos ou um amanhecer. Seja criativo à vontade. Concentre-se em projetar a cena com todos os seus detalhes. Há uma velha bomba atrás da casa? Um riacho murmurante correndo no campo? Coelhinhos saltando sob o céu imenso?

Como no exercício anterior, o resto do grupo verá o que surge no olho da mente, anotará suas impressões e depois trocará os papéis enviando as próprias cenas.

Não é incomum que nesse exercício cada receptor receba imagens ligeiramente diferentes — o que contribui para formar o quadro completo. Por exemplo, certa vez, quando eu dirigia um grupo nesse exercício, a imagem projetada foi a de uma casa de campo. No início, as imagens recebidas pelos receptores nas telas interiores pareciam conflitantes. Um aluno viu desenvolver-se na tela interior a sombra de um conjunto muito denso de árvores. Um outro visualizou um muro baixo de pedras. Um terceiro, experimentou um sentimento de felicidade e serenidade intensas.

Quando o exercício terminou essas impressões aparentemente diversas não conflitavam de maneira alguma. Essa casa era de fato sombreada e tinha também um muro baixo de pedras, além de ser para o emissor a fonte de muitas lembranças queridas. Todas as três impressões representavam partes da cena original e cada uma complementava-a com bastante precisão, sem duplicá-la em absoluto. A intuição, não devemos esquecer, é uma linguagem de equivalentes. À proporção que você aprender a seguir o próprio fluxo de impressões visuais, sentimentais e outras impressões sensoriais, vai finalmente descobrir seu equivalente do grande quadro.

QUADROS FALADOS

Eu disse antes que os quadros mentais mais que duplicam o poder das afirmações verbais. Bem, isso também funciona no sentido inverso. As palavras tornam as imagens ou quadros intuitivos mais específicos e mais fáceis de serem interpretados como um todo. No processo de aguçar e definir a imagem de uma cena, as palavras também contribuem para aprofundar a cena e torná-la mais abrangente, de modo que você possa vê-la e compreendê-la mais plenamente.

Descrever espontaneamente os quadros que recebe, ajuda a reconhecer seus detalhes. E cada detalhe definido abre o quadro para receber um outro, e assim por diante, dando, dessa maneira, um impulso para o desenvolvimento do quadro mental e da autoconfiança intuitiva. Como uma forma de afirmação, explicar o quadro também melhora imensamente a capacidade de interpretar as imagens que surgem e de relacionar essas imagens recebidas com as informações que ele contém.

É natural sentir um pouco de inibição ao descrever espontaneamente as imagens. Todos nós ouvimos, em algum momento de nossa vida, que deveríamos pensar antes de falar. Mas agora não é um bom momento para se render a esses sentimentos. Principalmente por estar começando a aprender a desenvolver a intuição, é muito importante não pensar primeiro, mas simplesmente acompanhar o fluxo que descreve o que você vê, quando você vê, mesmo que as imagens não sejam ainda totalmente claras. Isso vai ajudá-las a se desenvolverem com maior clareza. Prometo! Eis aqui como isso se dá.

• *Exercício 34: Quadros falados*

Faça um aquecimento num lugar em que esteja bem à vontade e procure imaginar o olho da mente sozinho ou em companhia de alguém. Quando a recepção de imagens atingir um platô, fale espontaneamente sobre o que está vendo, sem indagar se é certo ou errado.

Se estiver trabalhando com um par, peça a ele para confirmar (no caso do vaso e do presunto, o seu par teria dito: "Sim, é a mesma forma da imagem que estou projetando."). Se estiver trabalhando sozinho, faça simplesmente as mesmas perguntas ao eu intuitivo. Ele lhe dará as respostas que você precisa, e sua própria verbalização mental ativará a mesma focalização e processo de abertura.

Voltemos, mais uma vez, ao caso do vaso e do presunto para observar como essa técnica funciona. Coloque-se no lugar do meu aluno. Agora que você já descreveu a imagem inicial de um presunto e que sabe que ela representa uma forma, a tela interior vai-se abrir para receber mais informação. Nesse ponto, você poderá ver uma superfície branca brilhante, ou pontos de luz amarela, sobre a forma. Ou poderá sentir que a forma tem uma superfície fria e lisa. Poderá juntar todos esses fragmentos, formando a imagem de um abajur.

Uma vez mais, peça confirmação, descrevendo o que vê, à medida que vê, sem corrigir nem julgar. Nesse caso, seu par poderá lhe dizer que o objeto não é um abajur, mas que está sobre uma mesa e tem uma base de cerâmica. Essa informação específica, focalizada, poderá inspirá-lo a revisar a imagem mental. Talvez você consiga captar uma fragrância deliciosa e, de repente, descubra a verdadeira identidade do quadro.

Continue esse processo espontâneo de dar e receber até que se complete uma imagem interior. Registre as experiências para depois poder descobrir mais padrões e relações. Com a prática, você verá que pode receber e interpretar imagens com bastante facilidade, traduzindo de um idioma para o outro na mente, quase simultaneamente. Embora seja preciso tempo e prática para desenvolver esse nível de domínio, você pode ter vislumbres ocasionais desde já, quando então o símbolo e sua interpretação parecem chegar juntos até você.

Quando já estiver bem treinado (o que não leva muito tempo), tente a variante seguinte dos quadros falados, ao mesmo tempo que se ocupa com as atividades diárias. É particularmente útil nas ocasiões em que você estiver tentando obter informações além das que os olhos podem ver, por exemplo num leilão, ou quando procura avaliar um possível encontro.

• *Exercício 35: Visão de raio X ou como "ver" nas entrelinhas*

Primeiro, crie uma tela branca vazia com o olho da mente e peça mentalmente ao eu intuitivo para preencher a tela com imagens de dada situação. Você pode fazer isso com os olhos abertos.

Quando os fragmentos e símbolos estiverem presentes, pergunte mentalmente ao eu intuitivo: "O que mais se vê na figura?" ou: "Mostre-me mais!"

Não deve demorar muito para você completar um quadro de raio X da situação.

Que tipo de informação você conseguiu? Continue desenvolvendo o quadro até ficar satisfeito, falando exaustivamente sobre ele com o eu mais amplo, enquanto continua. Quanto mais preciso você for ao reconhecer imagens específicas pelo processo de formar imagens com o olho da mente, mais precisão terá para receber as respostas práticas de que precisa.

Eis aqui um exercício divertido para ser feito ao telefone, exercício que desenvolve a capacidade de realizar proezas com as imagens ao mesmo tempo que fornece informações de ordem prática.

• *Exercício 36: Telefones com imagens*

Enquanto a pessoa que lhe telefonou está falando, respire profundamente algumas vezes e visualize a tela branca interior vazia, que vai fazer com que você transforme seu telefone num "telefone com imagem". Você também pode pensar consigo mesmo: "Estou entrando em sintonia com o quadro e tornando-me receptivo às imagens da tela."

Veja que imagens se formam. Por exemplo, se houver uma pessoa, tente ver o que ela está vestindo, procure notar as cores e o estado de espírito. Você pode obter imagens ou sensações de "quente" ou "frio", "em cima" ou "embaixo", por exemplo. Isso tanto pode estar relacionado com as cores que estão sendo usadas quanto com o que o seu "sujeito" está sentindo no momento. A cor que aparece numa visão também pode conter uma mensagem simbólica. Veja as referências às energias das cores, no capítulo 3, para uma possível interpretação.

Preste atenção à voz da pessoa que lhe telefonou: o que ela lhe revela? Que imagens evoca? Você consegue perceber o ambiente físico em que a pessoa está? Se é um ambiente com o qual está familiarizado, tente entrar em sintonia para descobrir o que pode estar diferente nesse dia. Talvez haja um móvel novo. Talvez o ambiente esteja especialmente limpo ou desarrumado, ou esteja mudado de alguma outra forma. Veja se consegue as informações casualmente, perguntando à pessoa do outro lado da linha como se sente, ou simplesmente perguntando o que há de novo, depois de ter feito o quadro mental.

LISTA DE CHECAGEM VISUAL E DE SENTIMENTOS

Usando quadros falados e imaginando com o olho da mente, você provavelmente chegou a perceber alguma coisa acerca do seu próprio estilo intuitivo. Você pode ter tido percepções visuais repentinas que lhe provocaram algum sentimento ou pode ter ouvido um som que lhe indicou algo de relevante sobre o que sentiu. Os quadros intuitivos tendem a ser preenchidos à medida que as impressões são sentidas ou que os detalhes vão fluindo, de um para outro, até que a mensagem toda se complete.

Checar as diferentes mensagens que um único quadro pode conter, através de uma verificação feita com todos os sentidos, será um longo caminho no sentido de interpretar os fragmentos e trechos da informação intuitiva. A Lista de Checagem Visual e de Sentimentos é um instrumento eficiente e fácil de usar para desenvolver e interpretar quadros intuitivos, ao mesmo tempo que eles são explicados em voz alta. Muitas pessoas são da opinião de que explicar os quadros é melhor para ajudar a dar corpo às primeiras impressões importantes, e a lista de checagem é excelente para interpretar e tornar mais nítidos os quadros que ainda não estão concluídos. Experimente, conheça e sinta-se à vontade para melhorar a lista de acordo com os seus sentimentos.

À medida que você receber imagens por meio de qualquer uma das técnicas deste capítulo, faça a você mesmo as seguintes perguntas, verificando, a cada nova vez, mais detalhes com o eu intuitivo.

LISTA DE CHECAGEM VISUAL E DE SENTIMENTOS

1. Há alguma pessoa nesse quadro? Quantas pessoas estão nele? Quem são elas? O que estão fazendo? Você está no quadro? Alguém ou alguma coisa está entrando na cena ou saindo dela? Essa pessoa está se movendo depressa ou devagar? O que isso significa para você? Por exemplo: se você está contratando um novo empregado, você pode se sintonizar nesse processo e ver um candidato saindo rapidamente da multidão. Essa informação poderá ajudá-lo a descobrir quem será o candidato vencedor e indicar também se aquele que você escolheu de fato se destacará no trabalho.

2. Quais são os sentimentos das pessoas que estão na cena? Se você estiver nela, como está se sentindo? Como os outros se sentem? O sentimento geral da cena é vívido, amigável, brando, tranqüilo, tenso, sóbrio, jovial? A temperatura, no sentido figurado ou literal, é quente, fria, úmida ou seca?

Exemplo: pode ser que você se veja no centro de Londres, num dia de muita neblina. Mesmo no meio do frio e da umidade, você se sente realmente animado. Esse pode ser um sinal de que existe alegria exatamente do outro lado da grande nuvem cinza, sob a qual você está vivendo.

3. A imagem que você está vendo no quadro está em primeiro ou segundo plano? É uma imagem vista de um ângulo bem aberto ou de um ângulo fechado? A que foco do quadro dá ênfase e o que deixa de enfatizar?

Exemplo: se houver adultos no fundo e um quarto cheio de brinquedos e roupas de crianças em primeiro plano, isso pode querer dizer que logo você estará passando uma boa parte do seu tempo com crianças.

4. Quais são as cores do quadro? Elas são luminosas? Fracas? Apagadas? O que essas cores simbolizam?

Exemplo: um avião de cor azul viva pode significar que alguém está prestes a decolar em termos de criatividade. Para mais informações sobre o simbolismo das cores, ver capítulo 3.

5. Que ambiente tem o seu quadro? É uma cena exterior? Interior? Passa-se na cidade? No campo? Na cidade que você mora? Num país estrangeiro? O que você consegue ver ou sentir nas bordas da imagem? Montanhas? Um bosque de oliveiras? O oceano? A cena toda poderia ser um símbolo por si só?

Exemplo: à proporção que você entra em sintonia com a imagem, começa a ver o mar nitidamente. O oceano geralmente simboliza o inconsciente, podendo indicar, assim, o processo de exploração das suas profundezas interiores ou uma viagem que você está para fazer para a praia.

Observação: aqui, assim como com outras impressões, registre o que costuma aparecer, para descobrir seus padrões pessoais e o significado que essas coisas têm para você.

6. O que você ouve na cena? Há pessoas falando? O que estão dizendo? As vozes estão alteradas ou são amáveis? Há algum outro som —

um vento que assobia, uma cachoeira, um canto de pássaro, ruído de tráfego, um zumbido ou murmúrio? Se há música, que música é? Um canto tradicional de guerra? Uma canção de amor? Uma canção de ninar?

Exemplo: repentinamente você ouve a letra de uma música, "Eu vou te encontrar naqueles velhos bares de sempre..." Isso pode significar que a cena se passa nos anos 40, ou pode ser que esteja lhe dando informação sobre um ser querido que você perdeu e que está voltando para sua vida. Use as outras questões da lista para saber qual o significado que melhor se aplica a você.

7. Que sentimentos afloram à medida que você entra em sintonia? Como você está reagindo? Está ansioso, contente, em paz? Sente-se surpreso, alegre ou desapontado com o desfecho da situação?

Exemplo: quando eu estava entrando em sintonia com um cliente, senti um tal sentimento de felicidade, que quase pulei de alegria ao perceber que a situação que analisávamos terminaria bem. Com outro cliente que acabara de ser injustamente demitido, senti o quanto estava chocada e, em seguida, senti também uma leve dor no coração ao perceber que ele iria ter mais dissabores com outras oportunidades de trabalho frustradas. Mas depois experimentei uma espécie de calmaria depois da tempestade, seguida de um sentimento que confirmou uma sensação de resolução, ao mesmo tempo que havia uma explosão interna de felicidade, como na queima de fogos do dia 4 de julho (dia da Independência dos Estados Unidos). Felizmente, pude dizer a ele não só que as coisas se acalmariam — as crises geralmente passam — mas, honestamente, que sua carreira finalmente iria deslanchar.

Observação: quando você sentir qualquer sentimento, sobretudo um que seja negativo, é importante ver ou sentir o que vem depois dele, de modo que possa não só preencher o quadro, mas também chegar a uma melhor sensação de resolução.

8. Você está tendo alguma outra sensação física: texturas, sabores, cheiros? Pode haver um perfume de flor muito forte, ou o cheiro do mar, ou de lixo.

Exemplo: sentir cheiro de fogo pode lhe advertir acerca de uma situação de incêndio. Sentir um sabor amargo pode desencadear um "trocadilho" intuitivo, indicando que algum fato vai deixar um "sabor amargo" na boca.

9. Que horas são? Há alguma característica na luz do seu quadro capaz de lhe revelar a hora do dia? Há algum relógio na cena? Se você chegar a algum número, terá uma grande oportunidade de captar o eu intuitivo. Pergunte o que significa o número. Três meses? Três dias? Três anos no passado, no presente ou no futuro? Há móveis, roupas, uma estação do ano ou meios de transporte (cavalo e charrete, automóvel) que lhe dêem uma pista?

Observação: como o tempo é um contínuo, ele é uma das informações mais difíceis de serem localizadas com precisão e desenvolvidas. À medida que você vai registrando suas experiências pode descobrir que certos sentimentos simplesmente significam "logo" ou "depois". A melhor maneira de dar mais precisão a essa moldura enganosa do tempo é continuar perguntando ao eu intuitivo questões específicas: pergunte quantos dias, meses ou anos você andou no passado ou no futuro. Continue a perguntar até se sentir satisfeito.

Se você obtiver um quadro sem a sensação de tempo, pode ser que essa primeira impressão demore um bom tempo para se materializar. A primeira vez que vi meu marido, eu "me sintonizei" e o enxerguei trabalhando num projeto com crianças. Durante seis anos, continuei a ver o projeto. Finalmente, o que eu via se concretizou, quando ele começou a trabalhar em espetáculos infantis na tevê em propaganda para crianças.

Depois de se familiarizar com a lista de checagem, você vai notar que consegue informações muito claras em certas áreas e menos claras em outras. Isso é bom! Usar a Lista de Checagem Visual/de Sentimentos ajuda não só a completar os quadros, mas também a identificar o próprio estilo de intuição. Por exemplo, um dos meus clientes recebe informações de fatos que ocorrem em quartos. Um outro sempre recebe informações como se fossem um filme. Outro, ainda, geralmente ouve pessoas falando e cria imagens para completar as cenas dessas conversas ouvidas sem querer.

Por fim, você pode querer fazer perguntas relacionadas com o cotidiano, à medida que descobrir os tipos de percepção que o guiam com mais clareza e força para informações mais detalhadas. É provável que você também descubra que, ao se sintonizar com determinado sentido, ou sensação — sentir o cheiro de um determinado perfume, ouvir certa música, sentir uma sensação de calor, por exemplo —, e deixando-o fluir, você será naturalmente levado para um quadro enriquecido com todos os tipos de detalhes sensoriais.

Preste principalmente atenção a esses sentimentos que acompanham qualquer quadro: eles trabalham lado a lado e podem ser a chave das impressões que você recebe. Por exemplo, um aluno meu estava conversando com o irmão, quando teve uma sensação muito forte de que o irmão se envolveria de alguma maneira com uma boate.

Perguntou então a ele se havia alguma possibilidade de isso acontecer, e o irmão lhe disse que tinha sido procurado para ser consultor de um negócio desse tipo. À medida que meu aluno se sintonizou um pouco mais adiante, começou a ver um tom rosado e a sentir calor e felicidade, o que lhe indicou que o projeto tinha possibilidade de acontecer e que seria muito positivo.

Preste uma atenção especial aos quadros recorrentes — eles são os que têm mais probabilidade de acontecer na vida real. Assim como visualizar conscientemente a mesma cena ou idéia pode favorecer sua existência, as imagens que aparecem repetidamente, sem nenhum esforço da sua parte, têm uma chance muito grande de se realizarem. Por outro lado, em certo momento você poderá tentar receber informação sobre um futuro projeto ou situação, sem conseguir se ver, de nenhuma forma, realizando-o. Isso também pode querer dizer algo a você.

Agora que você checou suas percepções intuitivas, que significado dá a elas? Eis aqui um exemplo perfeito de como a Lista de Checagem Visual/de Sentimentos ajudou uma cliente. Ela usava a lista para combinar em um quadro único e claro, muito útil, os fragmentos dos dados que recebia através de diferentes sensações.

Minha cliente estivera empenhada em descobrir o que estava acontecendo com um cliente empresarial. Começou entrando em sintonia com a intuição e se sentiu insegura a respeito da continuidade da prestação de serviços à companhia. A primeira imagem que recebeu foi a de um desenho gráfico muito grande e brilhante, com uma intensidade tão grande e selvagem que quase lhe cegou o olho da mente. Seu sentimento foi o de que isso representava a disposição geral da companhia, mas ela não tinha certeza se essa imagem sugeria dinamismo ou confusão.

Ao verificar a Lista de Checagem Visual/de Sentimentos, a frase "Glória, Aleluia" apareceu no quadro. Essas palavras não pareciam combinar nem um pouco com o quadro, então ela se concentrou nas palavras, até que elas se transformaram na letra da famosa canção da Guerra Civil, "O Hino de Batalha da República".

Um verso inteiro passou na cabeça de minha cliente, enquanto tentava descobrir qualquer significado possível. O sul dos Estados Unidos não tinha nenhuma relação com o quadro, nem a religião nem o período da história da Guerra Civil. De repente, quando terminou o verso, ela compreendeu que a canção indicava de fato uma guerra civil corporativa — a grande luta que se desenrolava no interior da companhia. O quadro que recebera originariamente fazia então perfeito sentido. A companhia com a qual trabalhava era, na verdade, ao mesmo tempo cheia de energia e confusa. Cada parte do quadro confirmou e ajudou a interpretar a informação fornecida pela outra.

Observação: se você receber muitas imagens e sensações, parecendo todas demasiado confusas, procure se sintonizar com as que lhe parecerem mais fortes e brilhantes. Essas são as candidatas a mandar as mensagens mais prováveis.

HISTÓRIAS LIDAS E IMAGINADAS

Desde tempos imemoriais, os detalhes da vida das pessoas nos intrigam. A antiga e eterna arte de contar histórias demonstra essa nossa necessidade primária. Com o auxílio de quadros, palavras e todo tipo de sentimentos intuitivos bem harmonizados, você pode se sintonizar com as verdadeiras histórias de qualquer um que escolher (incluindo, naturalmente, você mesmo). Contar histórias de maneira intuitiva, vai ajudá-lo a aguçar finamente esse recurso e, ao mesmo tempo, a desenvolver o conhecimento interior de forma global. Provavelmente, você já costuma contar histórias, sempre que lê num livro uma passagem particularmente sugestiva. Quem não lê seus autores prediletos, sem completar mentalmente os detalhes de uma cena especialmente viva, que aprecia muito? Continuar a história por você mesmo e sair do cenário principal da narrativa não só é divertido, mas fácil.

Se você alguma vez já matou o tempo numa fila de cinema ou de supermercado, criando vidas para os interessantes desconhecidos que você vê ao seu redor, e se já pensou: "Eu acho que sei qual é a história dele", então será fácil dar mais um passo nesse processo e criar seus próprios cenários para contar histórias intuitivas.

• *Exercício 37: Contando histórias*

Concentre-se em alguém que esteja esperando na fila ou que esteja sentado em outra mesa do restaurante — ou escolha qualquer desconhecido ou pessoa com quem se relacione e que lhe inspire. Crie sua própria tela. Obviamente, se você estiver num ambiente público não poderá fazer o aquecimento completo. Respire profundamente algumas vezes e continue respirando na tela que visualizou na fronte.

Em seguida, fale com o eu intuitivo sobre o objeto da sua atenção. Uma pergunta banal do tipo — Qual será a história dele? confirmará a ligação com a resposta, mandando-lhe informação através dela. Ou então, pense em alguma coisa como: "Estou me sintonizando com a fonte intuitiva e percebendo toda a história." Use a Lista de Checagem Visual/de Sentimentos e crie quadros mentais à medida que a informação começar a fluir.

Uma vez tendo começado o processo, tente fazer perguntas de reconhecimento ao eu intuitivo. Por exemplo: "Essa pessoa é uma pessoa apaixonada ou fria? É feliz ou tristonha? É cética ou otimista? Liberal ou conservadora? Tem um parceiro ou está só? É daqui ou de fora? Tem um animal de estimação? Tem pai ou mãe?" A lista de perguntas é infinita. Deixe-se fluir com qualquer coisa que pareça estar na linha adequada de perguntas desse momento e continue fluindo com os quadros, sentimentos ou outras idéias que começarem a aparecer.

É natural pensar em quanto da "história" vai além do óbvio. É fácil ter algumas impressões sobre uma pessoa cujo casaco está coberto de pêlos de gato ou sobre alguém que parece triste e abatido. O velho e simples senso comum, dirá você? Bem, o objetivo de desenvolver o seu senso "não" comum é integrá-lo à capacidade de dedução elementar do dia-a-dia. Ao responder às perguntas de todos os dias, você tem sempre a opção de buscar as soluções mais óbvias. Desenvolver a intuição o ensina a ver mais claramente tanto o que está diante de você quanto as respostas não visíveis, sob a superfície, fornecendo, assim, um quadro completo de qualquer situação.

O fundamental na integração intuitiva é compreender que, independentemente da resposta que você procura, ela já é inerente à pergunta. Isso evita ter que entrar em sintonia com uma pergunta ou problema, permitindo que você chegue diretamente à resposta ou solução. Os conselheiros intuitivos profissionais sempre usam essa técnica.

• *Exercício 38: Como encontrar a resposta nas perguntas — Parte 1*

Comece pelo aquecimento. Em seguida, peça a um amigo, ou amigos, que escreva uma pergunta num pedaço de papel. Deixe claro que cada pessoa deve escrever sua própria pergunta. As perguntas devem ser feitas de forma a evitar respostas como sim ou não. Por exemplo, em vez de perguntar: "Será que irei às Bermudas nesse inverno?", pergunte: "Como será que vou passar minhas férias de inverno?" Diga aos amigos para se concentrarem na pergunta e na resposta que quiserem, enquanto escrevem as perguntas. Isso vai aumentar a sua concentração, ajudando-o a entrar em sintonia com a informação que as pessoas precisam.

Se estiver trabalhando com um grupo, diga aos amigos que dobrem ao meio o papel com as perguntas completas, de modo a esconder o que foi escrito, e coloque-as num lugar de onde possam ser retiradas sem ser vistas, uma de cada vez. Se estiver trabalhando com um parceiro, não se preocupe com o anonimato. Eu já usei essa técnica até para fazer perguntas para mim mesma.

Atualmente, estamos todos familiarizados com as imagens estereotipadas de um hindu de turbante, segurando uma pergunta escrita num papel em frente da testa. Bem, não ria, mas você poderá usar essa mesma técnica! Escolha uma das questões escritas à mão e coloque-a no centro de energia do terceiro olho — ou, se preferir, no coração ou plexo solar. Tente nos três lugares, porque a maioria das pessoas se acha mais receptiva num desses três pontos. Você poderá descobrir também que, conforme o tipo de pergunta que faz, leva o papel para um chakra diferente.

Não tente entrar em sintonia com a pergunta secreta escrita no papel. Em vez disso, sintonize-se com a resposta. Diga ao eu intuitivo: "Permito que a resposta se revele já." Observe o quadro se desenvolvendo na tela branca se estiver usando o ponto do terceiro olho, sinta-o se desenvolvendo através das suas emoções, se estiver pondo a pergunta no coração e sinta a resposta como uma sensação visceral de saber, caso tenha escolhido o plexo solar.

Quando as impressões começarem a surgir, peça para o eu intuitivo confirmar e, naturalmente, para a pessoa em quem você está sintonizado. Como sempre, procure explicar imediatamente o que vê em voz alta, a partir das primeiras impressões e deixando-as fluírem até que a resposta se complete. Depois, use a Lista de Checagem Visual/de Sentimentos para identificar a informação. (Observação: não se preocupe se as sensações que tiver forem diferentes, em vários aspectos, das relacionadas aqui. Isso é apenas um guia geral.)

• *Exercício 39: Como encontrar a resposta nas perguntas — Parte 2*

Você pode usar uma técnica parecida com a do exercício 38, com questões feitas por telefone. (Nesse caso, não são as perguntas que você não vê e sim o rosto de quem pergunta.) Isso é um pouco mais difícil, mas há pessoas que respondem intuitivamente com mais força ao som da voz. É com certeza bastante simples para ser testado durante o dia e descobrir em que caso você se encaixa. De novo, sintonize-se com a tela branca, veja o que vem à mente, e não se deixe alterar caso obtenha menos resultados com esse método. Você também pode tentar que alguém lhe faça uma pergunta frente a frente. Essas duas últimas variações são provavelmente bem semelhantes ao que você faz quando se senta com os amigos ou a família para bater papo. Elas apenas lhe dão uma maneira mais profunda e informada para orientar as pessoas com respostas dirigidas e uma técnica que pode, de fato, ser usada de forma discreta e prática na vida diária.

O exercício seguinte vai-lhe mostrar como ler objetos e apresentar a técnica que eu uso como conselheira intuitiva profissional, a psicometria. A antiga e eterna psicometria emprega uma técnica básica para alcançar bons resultados no nosso mundo contemporâneo. A psicometria vai-lhe fornecer informação bem orientada sobre as outras pessoas e deve ser praticada em pares ou em grupo.

• *Exercício 40: Psicometria*

Faça o aquecimento. Depois, peça ao seu parceiro ou ao primeiro membro do grupo, para lhe dar um objeto de metal que esteja constantemente em contato com o corpo: um anel, relógio de pulso, uma jóia ou até mesmo uma chave que é muito usada. Um relógio de pulso de metal, com pulseira de couro, está ótimo, bem como uma jóia com pedras preciosas. Também é melhor, embora não absolutamente indispensável, usar um objeto que ninguém mais tenha usado a não ser a pessoa em questão.

Segure o objeto de metal enquanto diz a seu parceiro para lhe fazer uma pergunta que não tenha uma resposta do tipo sim ou não, como você fez no exercício anterior. Depois, entre em sintonia com a tela mental ou os sentimentos e concentre-se na pergunta, ao mesmo tempo que capta a energia pessoal que foi transferida naturalmente para o objeto que está nas suas mãos. O metal age como excelente condutor, como bem demonstrou Benjamin Franklin com a sua famosa experiência da pipa e da chave.

Explique em voz alta, para o seu parceiro ou para o grupo, as respostas que recebe, sem julgamento nem correções, prestando especial atenção às primeiras impressões. Peça confirmação, depois continue até que a resposta esteja completa.

OPÇÕES INTUITIVAS DO DIA-A-DIA

É fácil fazer verificações com a intuição no decorrer do dia. Se você precisar de uma resposta rápida para uma questão urgente ou simplesmente quiser integrar sua intuição na rotina normal do seu trabalho, poderá fazê-lo livre e discretamente sempre que precisar.

• *Exercício 41: Minutos de intuição*

Essa técnica é especialmente indicada para avaliar rapidamente qualquer situação. Use-a sempre que precisar — durante o trabalho, na vida social, em viagens ou em qualquer outra situação em que o tempo é fundamental. Faça um aquecimento, respirando profundamente algumas vezes e se concentrando na tela branca. Faça rapidamente uma pergunta ao eu intuitivo e verifique sua primeira impressão sobre a resposta, usando a Lista de Checagem Visual/de Sentimentos. Por exemplo, antes de abrir a porta para entrar numa reunião importante você poderia perguntar: "Que tom devo usar na apresentação?" Essa técnica vai-lhe ajudar a fazer uma escolha bem adequada em qualquer situação.

A intuição sempre lhe oferecerá idéias inestimáveis e imediatas sobre como harmonizar novamente e de modo sutil uma visão ou tomar uma decisão correta, exatamente como você precisa na ocasião.

Há momentos na vida em que você tem mais tempo para entrar em sintonia com uma resposta iluminada. Faça o aquecimento necessário, antes de visualizar a tela branca ou de se concentrar nos sentimentos para ver que impressões recebe. Além de qualquer um dos exercícios anteriores, você pode querer usar uma técnica que eu pessoalmente aprecio muito. Tente escrever uma carta para o eu intuitivo, como se estivesse se dirigindo a uma seção de aconselhamento de um jornal. É possível que você obtenha uma resposta iluminada para qualquer uma das perguntas — da mais mundana até a mais espiritual. Ou tente explicá-la em voz alta — fazendo uma pergunta ao eu intuitivo — e depois respondendo! (Para aproveitar as pérolas da sabedoria interior, procure abrir a conversação interior.)

Quanto mais regularmente você conseguir manter um programa equilibrado de trabalhos interiores — principalmente se ele incluir respiração profunda, equilíbrio energético, concentração plena e, naturalmente, um registro das suas impressões — mais finamente sintonizada e de fácil disponibilidade será a intuição.

PROCESSAMENTO: COMO ORGANIZAR TUDO

Você deve saber que entrar em sintonia e obter respostas regularmente é um processo. Mesmo que você ache que não está chegando a nenhum resultado, na realidade está. Por exemplo, quando eu pela primeira vez dei um passo no sentido de desenvolver minha capacidade intuitiva, tive uma visão de mim mesma como uma bailarina rodopiando alegremente. Uma de minhas professoras tinha uma interpretação impressionante dessa imagem: disse-me que significava que eu estava naquele momento me "movendo", ou crescendo, muito depressa, e que deveria realmente desfrutar dos rodopios, pois no final haveria um tempo em que não me moveria. O tempo chegou de fato, e realmente me senti como se me visse tolhida.

Quando o desenvolvimento parece ser tão lento que você se sente como se não estivesse fazendo nenhum progresso, é importante lembrar que o processo de desenvolvimento da intuição se dá em muitos níveis diferentes de consciência. Portanto, não importa o nível em que você está, mesmo no mais profundo você continua a aprender e a absorver.

À medida que você abre a sabedoria interior e continua se abrindo sempre para ela, amplia a consciência em desenvolvimento para além da mera coleta de dados. Lenta, mas de modo certo, também estará desenvolvendo a empatia — a capacidade de descobrir e se identificar com os sentimentos contidos nos fatos. A capacidade de sentir empatia, somada à capacidade de se sintonizar rapidamente, vai possibilitar que você compreenda mais profundamente e complete plenamente o grande quadro. Desenvolver a empatia leva mais tempo e é um processo mais sutil. Mas você já começou a viagem rumo à sabedoria interior. Quando estiver se sentindo frustrado, lembre-se de que, nesse momento, a empatia provavelmente está ficando mais forte e mais profunda.

Sempre que você estiver entrando em sintonia com as suas próprias perguntas ou com as perguntas de outras pessoas, não deixe de notar o significado emocional de qualquer resposta que intuir, de modo que possa dar a resposta de forma cuidadosa. Pense na diferença entre um médico solidário e um técnico frio que se atém simplesmente aos fatos. Pergunte sempre ao eu intuitivo, ao receber as impressões, "Como posso usar essa informação para ajudar?" Orientação e informação precisas, recebidas ao mesmo tempo, formam um quadro completo — captado com plenitude e clareza e plenamente útil na vida.

Ninguém tem mais intuição do que ninguém, mas cada um de nós tem um caminho intuitivo que se desdobra de sua própria maneira. Todos nós descobriremos que certos métodos produzirão respostas mais exatas e que certos tipos de informação chegarão até nós com muito mais clareza do que outros. Você pode se dar melhor quando se sintoniza com informações médicas, ou pode descobrir que seus dons funcionam mais para aconselhamento, ou para encontrar objetos ou pessoas perdidos. Da mesma forma, você pode se tornar um remetente de informação mais eficiente que um receptor. Tudo isso faz parte do processo de descoberta do estilo de intuição.

Você também pode descobrir que tem talentos peculiares. Por exemplo, quando eu era criança, um dos primeiros sinais que recebi da minha sensibilidade intuitiva foi quando comecei a perceber qual era a segunda língua que alguém falava. À medida que você ler este livro, perceberá que também tem algum talento especial, que pode lhe mostrar a área em que tem uma força intuitiva particular — um estilo intuitivo especial ou que indica o caminho para muitas outras áreas mais férteis que virão pela frente.

COMO SABER QUE VOCÊ RECEBEU A RESPOSTA CERTA?

Lembre-se que obter e reconhecer a resposta faz parte de um processo contínuo. Você terá muitas impressões antes que uma delas amadureça a ponto de lhe trazer certeza. Essas primeiras impressões, naturalmente, são as mais verdadeiras e significativas. Deixe-as fluírem, sem analisá-las ou corrigi-las, e perceba, então, qual a mais forte, a mais clara ou a mais completa.

Você sente um leve choque de reconhecimento quando tem a impressão certa? Sente um formigamento? Ou mesmo calafrios? Percebe, ou escuta, o toque da verdade? Ou tem um sentimento de perfeita harmonia ou equilíbrio quando, de repente, sente certeza? Seu coração bate um pouco mais acelerado? Parece que você perde o fôlego? Você sente a impressão como um instinto visceral, ou ela surge de outra maneira, um modo que você vive emocionalmente?

Certamente, a principal forma de confirmar a informação é vê-la se concretizar. Quando um fato que você previu se manifesta na vida real, ele não é só a prova positiva da sua intuição, é também a prova de que aquilo em que você se sintonizou era a resposta absolutamente certa.

Você pode descobrir que certas respostas que obtém se manifestam mais que outras, ou pode obter uma resposta parcial, que só fará sentido quando a resposta completa finalmente ocorrer. Uma cliente minha está tendo um sentimento muito genérico. Ela sente que de alguma forma, de algum jeito, estará envolvida com aconselhamento em faculdades. Nenhuma outra impressão, além dessa primeira, é muito específica no momento, mas ela sabe que, no devido momento, começará a ver exatamente como tudo vai acontecer.

Também é muito comum a experiência que eu costumo chamar de fenômeno da "igreja certa/banco errado". Um conselheiro intuitivo que conheço certa vez viu, num vislumbre, uma amiga vendo *slides*, ao mesmo tempo que via a palavra *agência*, relacionada de alguma forma à imagem. Ele pensou que obviamente ela terminaria atrás da mesa de uma agência de publicidade. Um tempo depois, ela realmente fez um pequeno trabalho como *free lancer* nessa área, mas os *slides*, no final, eram os da lua-de-mel com o novo marido, um executivo ligado à publicidade!

Você também não só pode, como de fato vai encontrar a confirmação esperando por você — as mensagens estão em todos os lugares para onde você olhar. Com a prática, a qualquer momento e em qualquer lugar, você estará aberto para a orientação que elas oferecem. Os exercícios deste livro não foram pensados apenas para qualificá-lo em determinados períodos e determinadas situações. Eles tornam possível usar aquilo que foi vivido em todas as áreas da vida.

Preste atenção às coisas parecidas com sinais de metrô, conversas ouvidas por acaso, diálogos de cinema ou tevê, músicas, ou aquele fragmento de alguma coisa que lhe disseram e que deixou-o boquiaberto. Lembra-se da mágica da sincronicidade? Quem sabe você está pensando em ir para a França e, de repente, aonde quer que vá, as pessoas estão falando da França. Essa pode ser uma das formas de uma confirmação necessária. Todos parecem ter uma área em que, de repente, recebem confirmações. Alguns vêem as mudanças do tempo como signo, ou têm uma sensação de resposta a partir de uma música com uma frase significativa que esteja tocando "por acaso" num restaurante ou numa rádio.

O QUE FAZER COM UMA RESPOSTA INTUITIVA?

Uma resposta intuitiva surge com uma instrução que é inerente a ela — aplique-a e integre-a! Isso significa que, se você obtiver uma mensagem durante sua sessão diária de concentração plena, ou em qualquer outro momento, ponha a resposta em prática, mas só se a resposta fizer sentido para você. Lembre-se, você também vai usar o bom senso. Se você não puder fazer uso da resposta obtida nesse momento, deixe-a em segundo plano a fim de ver o que mais surge, à medida que você esclarece, com o eu intuitivo, a mensagem recebida. Talvez ela não precise ser posta em prática. Só você poderá saber, agora ou com o tempo.

Se você recebe informações sobre outra pessoa, use o seu bom senso para decidir se deve ou não revelá-las. A percepção em desenvolvimento precisa do apoio do senso de responsabilidade. Você deve se perguntar com a própria sabedoria interior que está brotando, de maneira responsável, se a pessoa em questão terá algum benefício com a informação. Como você poderá lhe dar a informação com consideração?

A ESPIRAL DO CONHECIMENTO

Enquanto continuar no processo de desenvolvimento da intuição, não se esqueça de que esse processo não é uma progressão linear, que se desloca de um ponto definido de percepção para outro. Em vez disso, todos os estágios do desenvolvimento e os diversos níveis de percepção por que você passa são incorporados em um conhecimento cada vez maior.

O desenvolvimento do conhecimento se dá numa espiral, em movimento ascendente, no qual você pode ver ao mesmo tempo onde esteve e onde está, e perceber a relação inerente entre ambas as posições. Algumas vezes o processo de integração pode ser um pouco desconcertante. Pode haver momentos em que você realmente percebe uma luz no fim do túnel e, ao mesmo tempo, continua se sentindo no escuro.

Lembre-se apenas que essas situações têm com certeza uma resposta, mas que, por um motivo qualquer, você ainda não está totalmente pronto para ela. Você vai continuar aumentando a iluminação, enquanto se move em espiral para uma percepção maior. Logo será capaz de reviver um momento difícil sob a luz de uma nova compreensão. Isso se parece muito com a experiência que todos tivemos na infância, quando nossas mães nos diziam: "Você vai entender isso quando for mais velho." É claro que, ao amadurecermos, pudemos compreender mais as coisas, a partir do ponto de vista privilegiado de um conhecimento e experiência mais amplos.

Esteja certo de que, se você ainda não percebe o desenvolvimento da intuição muito claramente, essa compreensão vai-se tornar mais clara e mais ampla. Você receberá confirmações e respostas para suas perguntas mais profundas, ao mesmo tempo que vai continuar a se desenvolver, a crescer, e a saber — na acepção mais autêntica.

CAPÍTULO SEIS

CAMINHO INTUITIVO PARA A CRIATIVIDADE

A CAPACIDADE DE CRIAR ESTÁ EM VOCÊ

Ao alcançar a intuição, você abre também todos os tipos de comportas criativas. A intuição e a criatividade estão intimamente ligadas — ambas são recursos naturais do hemisfério direito do cérebro. De diferentes maneiras, desenvolvendo uma das qualidades, você desenvolve naturalmente a outra. É por isso que pessoas muito criativas também são extremamente intuitivas e vice-versa. Você pode acrescentar um fluxo de criatividade aos abundantes benefícios que recebe quando desenvolve a intuição. Na realidade, se você já começou a praticar qualquer dos exercícios deste livro, já passou a usar o reservatório de expressão criativa.

Todos nós temos uma capacidade inata de nos expressarmos com criatividade. Assim como a relação inerente que temos com nossa sabedoria interior nos torna naturalmente intuitivos, ela também permite que sejamos naturalmente artistas.

Podemos não ser todos artistas ou pintores profissionais, mas somos criativos na vida profissional e pessoal quando fazemos malabarismos a fim de cumprirmos nossos compromissos, escrevermos discursos ou documentos, decorarmos a casa e resolvermos problemas de distintas formas. Cada vez que empregamos nossa perspicácia para resolver uma tarefa que não é mecânica, estamos nos deixando guiar por uma relação intrínseca com a força criativa.

O pensamento criativo é o pensamento pleno, e sermos criativos é o nosso modo de entrarmos em contato com a plenitude da criação. Sentimo-nos em equilíbrio ou em sintonia com a totalidade de nosso ser, quando nos envolvemos com qualquer atividade criativa. Assim como a resposta é inerente às perguntas que você se faz, a solução criativa também já está presente no projeto criativo como um todo.

Considere o grande método usado por Michelangelo em suas esculturas. Ele sentia que seu trabalho consistia "somente" em descobrir as figuras perfeitamente acabadas, que já estavam no interior de um bloco de pedra. Desse modo, também já existe um artista em seu interior. Você pode se comunicar com esse artista sempre que quiser. De fato, você já faz isso sem saber. Quanto mais conscientemente você se abrir para a força criativa, tanto mais o seu gênio criativo irá se abrir, se inspirar e se informar. Tente fazer o exercício seguinte sempre que for fazer um trabalho criativo ou precisar resolver um problema.

• *Exercício 42: Para liberar o artista interior*

Respire profundamente e visualize a si mesmo rodeado pelo resplendor de uma luz branca, azul ou verde azulada.

Em seguida, respire para dentro do ponto energético da garganta, coração ou do centro da testa, qualquer um dos três que sentir que é melhor para você.

Diga a você mesmo, em silêncio ou em voz alta, alguma coisa como: "Deixo agora a força criativa fluir e se expressar através de mim."

Permaneça quieto e relaxado e continue respirando durante alguns minutos no ponto de energia que escolheu. Depois, comece a trabalhar, deixando suas idéias fluírem sem julgamentos nem correções, à medida que trechos e fragmentos, ou a informação completa, começam a chegar. Continue trabalhando enquanto sentir a inspiração fluindo, tendo em mente que você pode julgar ou avaliar o que captou depois de seguir esse fluxo.

PENSAMENTO CRIATIVO É PENSAMENTO ALTERNATIVO

Agora que você já aprendeu a se abastecer no reservatório natural de energia criativa, é hora de realmente pôr em ação a força criativa. Tanto os intuitivos profissionais quanto os artistas olham para o mundo que lhes é familiar de uma maneira nova, ou alternativa, com resultados inspiradores. É exatamente isso que você também aprende a fazer, quando se entrega à intuição. A prática de confiar no pensamento alternativo permitirá que surja uma parte maior do potencial criativo.

Os artistas aprendem que qualquer quadro é formado por algo mais do que o objeto pintado ou fotografado. A dinâmica do espaço negativo — o espaço em torno dos objetos e que se combina com eles — é que cria o quadro todo. O exercício que se segue vai ajudá-lo a desenvolver uma percepção mais completa do espaço negativo que circunda e revela todas as coisas, aumentando, assim, a capacidade de pensar de modo alternativo e de criar plenamente.

• *Exercício 43: Como ver o espaço negativo*

Em primeiro lugar, escolha num jornal, numa revista ou num livro uma ilustração em branco e preto bem nítida. A seguir, olhe para a ilustração como faria normalmente, concentrando-se nos objetos mais escuros do primeiro plano. Por exemplo, concentre-se nas árvores contra um céu, nas pessoas em um cômodo etc.

Em seguida, inverta o processo. Concentre-se em tudo o que você não observou, como se essas partes da ilustração fossem peças de um quebra-cabeça que se relacionam com as partes que normalmente atraem sua atenção. Depois, feche os olhos e olhe outra vez para a imagem, dando a mesma importância às partes positiva e negativa. Perceba como ambas estão interligadas.

Tente fazer o mesmo exercício para acentuar a percepção da natureza real do dia-a-dia; olhe o alimento num prato, os móveis de uma sala, objetos sobre uma mesa etc. Garanto que sua maneira de ver será bem intensificada e você começará a se sentir informado de modo criativo e intuitivo na próxima vez que sentar para ler as entrelinhas de um de seus próprios projetos.

O humor é outro grande instrumento criativo de pensamento alternativo. Os melhores comediantes têm uma visão não convencional do mundo, que interpreta os fatos cotidianos de forma excêntrica e jovial. Como disse um autor de comédias: "Humor é ver os três lados da moeda."

O riso é como uma liberação entusiasmada da respiração concentrada. Ele altera verdadeiramente o nível de percepção, tornando-a mais sutil e liberando tudo o mais que houver na mente. Portanto, não esqueça nunca de rir de você mesmo. Entre nesse estado mental alternativo de alegria e abundância.

Eis aqui mais alguns exercícios e jogos para ajudá-lo a pensar em caminhos alternativos e para ligá-lo a seu talento natural quanto ao pensamento criativo.

• *Exercício 44: Derivações*

Escolha uma palavra. (Só para dar um exemplo, usaremos a palavra *quente.*) Faça derivações verbais a partir da palavra original, sem usar sinônimos nem antônimos. Por exemplo, você não pode usar frio ou ardente para fazer derivações de quente, mas poderá usar palavras como *Arizona*, *salsa*, ou *minissaia.*

Brinque sozinho ou com um amigo, com a ajuda de papel e lápis. Mas, por favor, não se esqueça de que isso não é uma competição.

Todos os que encontrarem respostas criativas tornam-se de fato vencedores. O objetivo é se abrir a todas as possibilidades alternativas.

Decifrar charadas, fazer palavras cruzadas, brincar de mímica e outros tipos de quebra-cabeça também ativam a força criativa e tornam a mente mais ágil.

Divida um grupo em dois times para decifrar charadas. Diga a um dos times para escolher uma palavra, frase ou título de um livro (xarope de bordo, "chova ou faça sol", Branca de Neve) enquanto o outro time escolhe alguém para representar o que foi escolhido. Depois que a pessoa escolhida tiver ouvido em segredo a palavra ou frase em questão, deve representar para seus parceiros de time as sílabas ou palavras, através de imagens e gestos. Depois invertem-se os papéis dos times. Há um outro jogo, semelhante a esse, em que a pessoa escolhida para revelar a palavra ou frase ao seu time o faz através de desenhos, ao invés de representá-la com mímica.

• *Exercício 45: Provérbios modificados*

Uma vez, numa classe do primeiro grau, pediu-se aos alunos que inventassem o final de uma série de metades de provérbios bem conhecidos, embora não fossem conhecidos pelos alunos. Eles fizeram vários "provérbios cortados", como: "Água mole em pedra dura — espirra", "De grão em grão a galinha — fica boa para uma canja", "Quem poupa um tostão — não poupa nada. Não dá para comprar nada com um tostão". Os resultados são tão diferentes e tão inesperadamente verdadeiros porque as crianças que os fizeram não estavam presas a nenhuma resposta preestabelecida. Eles simplesmente fizeram o que achavam que ficava bom.

Tente você também romper com alguns provérbios a fim de aumentar sua capacidade natural de pensar de modo alternativo. Sozinho ou com um parceiro, faça uma lista da primeira metade de seus provérbios ou citações preferidos e depois complete com novas segundas partes. Veja o seu grau de independência e partilhe os resultados com o seu parceiro ou com um amigo.

Aqui estão alguns começos de frases para você terminar criativamente, para ajudá-lo a começar o exercício:

"É melhor prevenir do que..."
"Devagar se vai ao..."
"Deus por todos e..."
"No amor e na guerra..."
"Em casa de ferreiro o..."

• *Exercício 46: Semelhanças*

Esse exercício ajuda a deixar sua mente receptiva às novas idéias criativas. Pode ser usado para facilitar o relaxamento antes de começar a trabalhar em qualquer projeto criativo — desde uma tarefa do escritório até uma carta, um documento ou uma proposta que você esteja tentando escrever.

Crie uma situação sugestiva com poucas palavras, como "um dia no parque" ou "chuva no rosto". Depois, junte as palavras "é como" e termine com uma afirmação ou uma imagem que pareça combinar com o início. Faça todo tipo de comparações diferentes, ou "semelhanças", para cada situação, como no exemplo seguinte: "Chuva no meu rosto é como o sopro de um anjo. Chuva no meu rosto é como... uma nova idéia pedindo para ser aceita. Chuva no meu rosto é como... uma piada engraçada a meu respeito." De novo, deixe-se levar. O céu é o limite. Se a mente apresentar um vazio quando você tentar inventar semelhanças para se exercitar, tente usar as frases que apresento a seguir para os iniciantes:

Sentir a areia sob os pés é como...
Risada de criança é como...
Ter um ótimo livro para ler é como...
Trabalhar numa manhã chuvosa é como...

"O SALTO INICIAL" O HEMISFÉRIO DIREITO DO CÉREBRO

O exercício 22 do capítulo 4, "Carga Respiratória", se for realizado todas as manhãs, ajuda a ter acesso constante à criatividade. Mas em caso de emergência, mantenha a narina direita fechada e respire profundamente várias vezes pela esquerda, para uma dose extra de hemisfério direito.

Você também pode desencadear a atividade do hemisfério direito do cérebro através do som. Às vezes, quando enfrentamos um problema particularmente desafiante, ou uma tarefa especialmente criativa, suspiramos instintivamente. Existem versões muito mais refinadas de iniciadores sonoros para abertura de canais, como o mantra universal *om*, os sinos tibetanos, ou sinos de vento.

Para a maioria de nós, entretanto, essas opções seriam muito pouco práticas para serem usadas durante um dia agitado. Então, respire ou suspire conscientemente, sabendo que, em vez de estar emitindo um sinal resignado de frustração, você está dando um sinal para o eu criativo continuar em ação.

A CRIATIVIDADE É O FLUXO

Quando aplica a intuição na resolução criativa de problemas, você descobre que não se preocupa mais quanto a ter ou não idéias, mas, sim, com quais das suas idéias poderão ser usadas de imediato. Como no processo de chegar à intuição, algumas idéias criativas aparecem primeiramente em fragmentos. Outras chegam mais completas, embora ainda não estejam totalmente maduras para serem captadas.

A confiança é tão importante para o desenvolvimento da criatividade como para o desenvolvimento da intuição. A pior coisa que pode acontecer é descartar uma idéia por parecer insensata — muitas vezes as idéias mais loucas se transformam nas mais aproveitáveis simplesmente porque são as mais imaginativas.

Não se esqueça disso, e lembre-se de continuar registrando as idéias. (Você pode querer criar seu próprio diário de criatividade; veja o Apêndice.) O hemisfério direito do cérebro não tem capacidade de memorizar. Essa atividade é exclusiva do esquerdo, como pode muito bem comprovar alguém que tenha tido uma idéia brilhante no meio da noite e pela manhã não se lembra mais dela.

Logo você será capaz de determinar a melhor maneira de recolher e guardar fragmentos e pedaços do gênio criativo para usar depois, mas os cadernos, inclusive um caderno especial para deixar ao lado da cama, fitas cassete, disquetes de computador, fichas e até mesmo tiras de papel jogadas dentro de caixas de sapatos, são todos métodos bastante populares e flexíveis. Lembre-se de procurar padrões ao registrar os pensamentos, da mesma forma que faz quando desenvolve as mensagens intuitivas. As chances, se eles continuarem a surgir, são de que sejam sobre algo que valerá a pena desenvolver no futuro.

A escrita automática, o processo de deixar as palavras fluírem espontaneamente no papel, é um método fácil e agradável para entrar em contato com o fluxo inesgotável de idéias criativas. Desde os poetas franceses, até médiuns e alunos de escrita criativa, todos têm sido inspirados uma vez ou outra por ela. Aqui está a versão do caminho intuitivo.

• *Exercício 47: Escrita automática*

Escolha um assunto que você quer investigar — sua família, seu trabalho ou um projeto em que esteja trabalhando de fato.

Para fazer o aquecimento para esse processo criativo, tente fazer exercícios respiratórios e movimentos pendulares com o pescoço. Fique com um caderno e com sua caneta predileta à mão, ou uma máquina de escrever.

Quando você se sentir relaxado e concentrado, comece a dizer ou pensar qualquer coisa como: "Estou me abrindo para toda a criatividade que preciso."

Então comece a escrever rápida e espontaneamente, sem se preocupar se o que está produzindo é inteligente, "bom" ou gramaticalmente correto. Deixe-se fluir com a caneta e veja o que surge. Depois, procure padrões ou trechos significativos.

Uma versão oral do mesmo exercício não é diferente de "explicar em voz alta". Pegue um gravador. Siga o mesmo procedimento, mas em vez de escrever, não pare de falar no gravador. Isso funciona particularmente bem se você tiver um desses pequenos gravadores fáceis de levar para qualquer lugar.

SONHO CRIATIVO

Os sonhos são a experiência de fluxo permanente. É bem provável que você esteja no lado direito, mais criativo, quando desperta de um sonho, porque é quando você está mais próximo do estado natural de fluxo. Procure encontrar lembretes, sinais, mensagens e idéias nos sonhos. Anote-os com todas as outras coisas. Preste especial atenção às idéias que tem ao se levantar da cama pela manhã ou no meio da noite.

Sting, por exemplo, sentiu uma inspiração no meio da noite, levantou e escreveu a música "Ever Breathe You Take" toda de uma vez. Uma executiva da publicidade, minha conhecida, teve uma idéia sobre um novo produto para um cliente de uma importante empresa logo depois de despertar pela manhã. Quando ela mencionou a idéia para o supervisor da conta, ele ficou perplexo: o cliente estava pensando, na mesma ocasião, em acrescentar exatamente o mesmo produto a sua linha. Você também pode solucionar problemas de forma criativa por meio do sonho.

• *Exercício 48: Resolução de problemas durante o sonho*

Vá para a cama ou faça uma sesta com a intenção consciente de encontrar uma solução. Tente beber meio copo de água enquanto afirma a intenção em pensamento ou pronuncia em voz alta, por exemplo, "Eu me abro nesse momento para a perfeita solução desse problema". Quando você acordar, beba imediatamente a água deixada no copo e, usando a técnica da tela branca e a Lista de Checagem Visual/de Sentimentos (página 95), concentre-se na obtenção da resposta.

Como alternativa a essa técnica, evite beber toda a água pela manhã e preste atenção para não mexer a cabeça depois de acordar. As pesquisas têm demonstrado que mover a cabeça pode funcionar como um botão para zerar — reiniciando o dia mentalmente outra vez. Portanto, veja o que você pode captar e compreender antes de "zerar".

Então, você pode obter ou uma resposta completa, ou um fragmento, que poderá desenvolver depois. A resposta poderá vir mais tarde, nesse dia ou durante a semana. Você pode precisar repetir o processo para obter uma resposta mais clara. Esse é um dos exercícios que funcionam mais com algumas pessoas do que com outras, portanto, não se preocupe se não funcionar com você.

CICLOS DE CRIAÇÃO

À medida que você se concentra, também vai querer informar ao hemisfério direito do cérebro por quanto tempo vai estar criando. Pesquisas têm demonstrado que o cérebro parece trabalhar num ápice de criatividade durante ciclos de noventa minutos, portanto, você pode achar que períodos criativos de noventa minutos o ajudam a trabalhar na sua melhor forma. Mas você também pode descobrir que tem um ciclo criativo pessoal ou um tempo criativo ideal, durante o dia. Eu, particularmente, prefiro sentar durante um bom tempo, mas faço interrupções freqüentes durante esse período prolongado. Algumas pessoas conseguem estender a criatividade por horas; outras trabalham com muita rapidez e intensidade durante uma hora.

Uma vez tendo descoberto o seu próprio padrão de trabalho, mantenha-se nele e tente adequar sua agenda o melhor possível. Parece óbvio, mas muitas pessoas se preocupam por achar que "deveriam" estar criando de uma determinada maneira. Se você consegue trabalhar no máximo de produtividade duas horas antes do nascer do sol, não deixe de fazê-lo! Esteja pronto para mergulhar no trabalho se descobrir, como um estilista amigo meu descobriu, que tem dois ciclos criativos prolongados de duas semanas, que se alternam com períodos inativos de duas semanas também.

Todos nós conhecemos pessoas que são pássaros matutinos e outras que são corujas inveteradas. Elas simplesmente conhecem e respeitam seus ritmos criativos. Sabe-se também que os ciclos mudam; então, procure acompanhar o fluxo se descobrir que os seus momentos matinais de pico de absorção no trabalho se transformaram em períodos criativos noturnos.

EXPANSÃO DAS INSPIRAÇÕES CRIATIVAS

Muitas vezes, as idéias criativas nos chegam de forma fragmentada — exatamente como outras informações intuitivas. O uso da Lista de Checagem Visual/de Sentimentos e das técnicas da tela em branco ajudam a expandir as inspirações criativas. Esses instrumentos são úteis para decidir qual das muitas idéias seguir e quais impulsionam a inspiração ou concentração enquanto você executa um projeto criativo.

Quando está empenhado em escolher a melhor entre muitas idéias criativas surgidas numa sessão de *brainstorming* (técnica em que um grupo de pessoas se concentra em fazer uma relação do maior número possível de idéias pertinentes, o mais rapidamente possível), meu marido coloca cada possibilidade na tela branca, a fim de verificar qual idéia, à medida que ela se desenvolve e passa na tela mental, parece a mais plena, detalhada e factível. Ele descreve esse processo como a visão da imagem que tem literalmente "mais futuro".

Conheço um fotógrafo que fala na criação de uma "escada rolante" de idéias enquanto executa um projeto. Por exemplo, primeiro, ele conceitua um modelo para as fotos/filmagem propostas (degrau 1). Depois que o modelo está enquadrado mentalmente, ele verifica o que o modelo deve vestir (degrau 2). Depois, com essa imagem física diante dele, preenche o ambiente de fundo (degrau 3), e assim por diante, até chegar no alto da escada — que corresponde a um quadro completo, ricamente detalhado e cheio de imaginação.

Conceba os quadros das suas idéias na tela de cinema da sua mente. Veja que imagens parecem completar-se com mais naturalidade, para descobrir que idéias têm realmente mais vida. Depois, examine detalhadamente os quadros para desenvolvê-los, mesmo que seja mais tarde. Mesmo durante a criação, os quadros podem desabrochar, contribuindo com idéias e informações mais ricas.

Você também pode representar o futuro de uma idéia criativa da mesma forma que representa o futuro de uma situação de todos os dias. Concentre-se na semana, no mês ou no semestre vindouro, com a ajuda da tela branca interior, visualizando um calendário ou a mudança das estações. Depois use essas informações para tomar decisões ou aumentar a concentração no presente.

COMO LOCALIZAR A ESSÊNCIA; COMO ENCONTRAR O SENTIMENTO

A capacidade de estar em sintonia com os sentimentos ajudará tanto o trabalho criativo quanto a intuição. A emoção está no âmago de uma idéia e também é, geralmente, o que transmite essa idéia aos outros. Pense nos cinemas, onde um tom ou um sentimento é freqüentemente a força que realmente conta ou vende a história. Considere a pintura impressionista francesa, que não foi tanto conseqüência de um sentimento mas de um conceito: um novo método revolucionário de interpretar a luz. Entretanto, quando você olha uma pintura impressionista terminada, a resposta à beleza que apresenta é provavelmente emocional. Ou seja, você captou a essência.

Qualquer coisa feita de modo criativo tem um sentimento essencial próprio. Encontrar esse sentimento é muitas vezes a chave para a liberação do potencial pleno de um projeto. Portanto, quando você está descobrindo novas idéias e tentando entrar em sintonia com elas para ver se e como poderiam ser desenvolvidas, pergunte sempre: "Qual é o principal sentimento que estou tendo?", da mesma forma que faz quando utiliza a Lista de Checagem Visual/de Sentimentos (página 95).

Localizar um sentimento essencial é uma boa maneira de recuperar uma idéia que não está certa o bastante. Antes de descartar automaticamente um ponto de vista criativo que não teve conclusão, pergunte-se se realmente não há uma inspiração, uma essência ou um sentimento na idéia que mereçam ser salvos. Quando você tiver essa essência, trabalhe nela com novas idéias criativas ou coloque-a na caixa de areia de pedaços e fragmentos criativos, para voltar a trabalhar com ela mais tarde.

Os exercícios seguintes, fáceis de fazer, servem para desenvolver a capacidade de aguçar os sentimentos essenciais.

• *Exercício 49: O reconhecimento da essência: a descoberta do sentimento*

Lembre-se da pergunta de um joguinho que se faz em festas: "Se você fosse uma árvore, de que espécie seria?" Pois bem, essa pergunta é uma variante do próximo exercício de criatividade. Embora possa parecer ingênuo, ajuda-o a pensar em termos não lineares e mais especificamente, a pensar de um modo que revela rapidamente o núcleo do assunto. As duas partes, 1 e 2, vão ajudá-lo muito a desenvolver a capacidade de localizar seus sentimentos enquanto avalia as próprias idéias. Quanto mais você praticar, melhor e mais confiante vai-se tornar.

PARTE 1: QUINTESSÊNCIAS. Você pode fazer esse exercício sozinho ou em grupo. De qualquer forma, comece escolhendo uma grande categoria, formada por numerosos componentes diferentes: árvores, estrelas de cinema, pássaros, flores, personagens de desenhos animados, instrumentos musicais, livros ou até mesmo tipos de massas.

Considere então cada membro do grupo (ou de um grupo de pessoas que você conhece, como uma determinada família, colegas de escritório, amigos ou colegas de quarto, se você estiver trabalhando sozinho), colocando um de cada vez na tela branca, ou espontânea e literalmente a partir da cabeça, designando a pessoa escolhida membro da categoria que melhor exprime sua essência.

Por exemplo, se sua categoria é massas, um amigo magro e extremamente educado poderia tornar-se de repente um espaguete. Se sua categoria é a dos instrumentos musicais, aquele professor com um ar imperial e uma voz forte poderia ser um violoncelo. Brinque com isso e tente não pensar de jeito nenhum enquanto estiver no processo. Mais tarde você poderá analisar, por exemplo, porque "espécies" como o Professor Pardal, um olmo ou uma cotovia são as quintessências do seu patrão.

PARTE 2: SENTIMENTOS. Nessa variação, você associará um sentimento essencial com um objeto ou uma pessoa, ou vice-versa. Escolha um sentimento essencial (alegria, tristeza, cansaço, frio, calor etc.) e, seguindo a técnica da quintessência, relacione esse sentimento com uma pessoa ou um membro de uma categoria. Que flor expressa mais a "tristeza" para você? E que árvore expressa mais a idéia de estar "cansado"? Quando se tratar de pessoas, escolha estranhos, por exemplo quando estiver parado numa fila, jantando fora ou num parque, e localize o sentimento essencial.

Observação: escolher amigos provavelmente não lhe dará criatividade suficiente porque você já deve estar bastante consciente dos sentimentos que possuem.

EMPATIA É LEVAR OS SENTIMENTOS UM PASSO À FRENTE

Em algumas situações, você pode personalizar de fato um problema para resolvê-lo com criatividade. Lembre-se, quando está no fluxo, você se acha num estado de unidade. Isso cria uma forte empatia que pode ser aplicada em trabalhos criativos. Quando você tem empatia plena com respeito a determinado problema ou desafio, pode sentir, vindo do interior, o que é necessário para resolvê-lo.

A publicidade tem desenvolvido uma verdadeira ciência da compreensão de produtos e consumidores, criando perfis de personalidade tanto de um, quanto de outro. Se você escreve, seja os seus personagens. Veja como se sentiria se você fosse cada um deles, numa dada situação. Se você estiver escrevendo ou falando com alguém, tente se solidarizar com essa pessoa, até sentir realmente o que ela está sentindo. A pessoa que lhe ouve está reagindo ao que você diz? O que ela precisa ouvir?

Quando você faz jardinagem, cozinha, escreve, organiza o escritório, fotografa ou trabalha em qualquer outro tipo de projeto criativo, pode entrar em sintonia com seu projeto para descobrir o que falta para ele. Um amigo meu, diretor de tevê, tem um senso de empatia tão desenvolvido que está sempre dizendo: — A câmera quer estar aqui.

Voltaremos a falar sobre como explorar a mina de ouro que é essa técnica para melhorar seu sucesso e prosperidade, no próximo capítulo. Por enquanto, você pode adaptar esse conceito aos seus projetos criativos. Faça o próximo exercício para desenvolver e usar a própria empatia criativa.

• *Exercício 50: Empatia criativa*

Use a técnica da tela branca para focalizar a pessoa, o produto ou o problema para o qual deseja encontrar uma solução criativa. Veja na tela o objeto que lhe interessa, com nitidez e em detalhe. Depois, coloque-se na tela, transformando-se de fato naquilo que está imaginando.

Para facilitar, de início você pode ver sua imagem superposta à outra, até que ambas se fundam tornando-se uma. Você provavelmente descobrirá que é mais importante colocar a percepção plena na imagem projetada, sentindo-a penetrar literalmente o objeto, que se ver na representação.

Digamos que você está querendo ter uma idéia criativa, e em seguida um plano criativo para vendê-la. Reveze-se sendo ora o problema (digamos, um sapato que precisa ser cômodo mas elegante), ora o consumidor que deseja atingir (e que precisa estar elegante com conforto). Se houver um intermediário envolvido (por exemplo, um industrial ou um investidor), use a técnica para também se solidarizar com as necessidades dele.

Quando sentir que está em vias de se tornar uma unidade com seu objeto, pergunte ao eu intuitivo: "Como estou me sentindo? Do que estou precisando?" Dê uma atenção especial à visualização e aos sentimentos, à medida que entra em sintonia com suas próprias respostas.

Para uma solução criativa realmente iluminada, procure resolver o problema com uma variante da técnica descrita acima. Veja-se na tela branca, no papel de alguém que é o seu modelo preferido, alguém que seja a pessoa mais indicada para resolver o problema que tem em mãos. Esse modelo pode ser qualquer pessoa, desde sua mãe, até um grande líder, artista ou cientista. Depois, pergunte ao modelo que representa/eu intuitivo o que fazer nessa situação particular. Se você é do tipo que costuma ver todos os lados de uma situação, procure escolher como modelo alguém muito decidido, para equilibrar. E se você é uma pessoa mais do tipo "preto no branco", escolha um modelo que você acha que seria solidário com todos os envolvidos na questão.

PÔR PARA FORA

Uma vez obtidas as idéias criativas ou estando no processo de desenvolvê-las, é bom falar bastante sobre elas. A conversação é, por si mesma, uma forma de fluxo. Quando estou escrevendo, pego-me muitas vezes conversando comigo mesma, discutindo e argumentando sobre várias opções criativas.

Eis aqui uma técnica que o ajudará a liberar suas forças criativas. Esse exercício é particularmente indicado para detalhar qualquer conceito abstrato e é útil para muitas situações criativas, desde escrever um ensaio ou discurso, até criar e vender um produto.

• *Exercício 51: Forma livre — livre para todos*

Faça um tipo de *brainstorming* para conseguir três palavras que descrevam a essência da sua idéia, os sentimentos que a descrevem mais, ou o sentimento que você quer que ela transmita.

Usando caneta e papel para fazer seus próprios esboços, tome as três palavras, uma a uma, e crie um fluxo de palavras a partir delas.

Por exemplo, em um dos meus laboratórios voltado para a área empresarial, criou-se um produto, como exercício, chamado de "Bocados de frutas". Em seguida, usamos essa técnica para estabelecer as idéias fundamentais para a venda criativa do produto criado. As três palavras a que o grupo chegou foram: *fruta*, *mascar* e *diversão*.

Para fruta, os exemplos que surgiram no laboratório sugeriam "fresca", "natural" e "saborosa". Para diversão apareceram "engraçado", "risinho", "risada" e "animação". Não se preocupe se as palavras fazem ou não sentido — por exemplo, para mascar apareceu a palavra "dentaduras". Deixe apenas que as palavras e associações fluam.

Quando tiver terminado de explorar todas as possibilidades, olhe para as palavras na tela da folha de papel branco e veja que tipo de figura completa obteve, ou pode obter. Talvez você possa fazer mais associações a partir dessa imagem, ou criar uma história significativa, colocando determinadas palavras juntas. Entre em sintonia com a tela branca interior, para ver se consegue desenvolver um pouco mais o quadro e para verificar se certas idéias estão corretas. Provavelmente você pensará em conceitos interessantes e talvez numa resposta surpreendente. Poderá visualizar instantaneamente a essência do seu projeto ou pelo menos juntar informações suficientes para prosseguir e finalmente solucioná-lo.

DESBLOQUEIO E PERSISTÊNCIA

Para sermos totalmente criativos geralmente precisamos ter um desejo muito intenso. A artista nova-iorquina Mary Boochever afirma: "Minhas idéias surgem da necessidade." O compositor Doc Pomus diz: "Por que as pessoas escrevem? Porque precisam." Infelizmente, nem todos nós temos esse intenso entusiasmo para desenhar cada vez que temos a necessidade de criar. Muitas vezes, as necessidades não são auto-impostas: temos um prazo a cumprir, ou um cliente, ou amigo que precisa de uma solução criativa — já! Ou pode até ser que não nos falte tempo para criar, mas estamos precisando de um estímulo criativo para conseguir colocar nossas idéias em prática. Aqui está um exercício que você pode usar para desbloquear o fluxo criativo e reunir os sentimentos que estão sendo necessários.

• *Exercício 52: Fogo na barriga*

Sente-se com as costas eretas, da mesma maneira que no exercício para equilibrar energia, e imagine um grande calor na base da espinha. Sinta esse calor preencher a região abdominal e subir até ocupar todo o estômago com uma sensação de grande satisfação.

Conduza agora esse fogo pela coluna, com qualquer cor que ele se mostre para você — talvez uma luz branca, ou uma chama de um vermelho profundo — sem se preocupar em focalizar as cores de cada centro energético durante o caminho. Simplesmente, veja e sinta a coluna como uma longa, firme e irradiante coluna de calor.

Por fim, transmita a energia para cima e para fora, através do topo da cabeça.

A força desbloqueadora criativa original é o próprio fluxo. Sempre que estiver se sentindo bloqueado, experimente as dicas seguintes para entrar no fluxo criativo e se lembrar de sua presença constante.

SEGUINDO O FLUXO DA ÁGUA. A água há muito vem sendo o símbolo e o canal condutor do fluxo. Experimente usar conscientemente a água como um estímulo à criatividade. Beba bastante água para ajudar seu fluxo criativo a fluir de novo. Faça uma pausa tranqüila, se puder, perto de uma fonte, lago, ou margem de rio, para uma restauração criativa das forças. Ou, em vez disso, simplesmente lave as mãos. Parece até tolice, mas realmente ajuda.

Aproveite a atividade mais comum para ter acesso a um amplo repertório de idéias. Quando entrar no chuveiro ou tomar um banho de banheira relaxante, observe as idéias ou embriões de idéias que lhe vêm à mente, à medida que a água estimula os sentidos. Depois de se enxugar, escreva qualquer coisa que lhe ocorra, mesmo que pareça pouco importante. Você vai ver que muitas vezes recebe a semente de um salto criativo.

SEGUINDO O FLUXO DA MÚSICA. Os fãs das histórias de mistério devem lembrar-se de que, sempre que Sherlock Holmes estava prestes a deslindar um caso, dava um jeito de levar Watson rapidamente a um concerto ou ele mesmo procurava assistir a um. Ouvindo música, Holmes deixava a mente fluir e, nesse processo, encaixava inconscientemente todas as peças, numa solução inverossímil, extremamente criativa e totalmente singular. Elementar! Experimente deixar por um momento o cérebro esquerdo ao sabor do fluxo poderoso da música. Coloque alguma coisa bem melodiosa no aparelho de som e deixe que a inspiração criativa tome conta.

DEIXANDO "PRA LÁ"

Deixar "pra lá", da mesma forma que relaxar para poder focalizar plenamente, é uma parte muito importante do processo criativo. Para que a criatividade possa ser ativamente expressa, deve ser recebida e aceita passivamente por você. Quando você deixa "pra lá" completamente, permite que o próprio processo o regenere, de modo que você possa nutrir e colher novas idéias.

Você provavelmente já experimentou essa sensação por você mesmo, alguma vez em que perdeu um bom tempo tentando resolver um problema criativo, cuja solução só lhe chegou à consciência quando desistiu de resolvê-lo com pressa, resolvendo dar uma parada para um descanso ou uma sesta. Já vimos como os sonhos, outro método instintivo de "deixar pra lá", são uma tremenda fonte de informação. É por isso que temos tantas idéias quando despertamos de uma sessão de devaneios diurnos. Geralmente as idéias vêm à mente quando não estamos pensando em absolutamente nada.

Nesse sentido, deixar de lado é tanto o primeiro quanto o último passo do processo criativo. Pense em todas as idéias novas que lhe aparecem quando não está pensando em nada. Então, pense em todas as técnicas criativas de que dispõe, e em todas as formas de usá-las ao longo do tempo para transformar as idéias em projetos plenamente realizados.

Desfrute do prazer de conseguir deixar as idéias borbulharem lentamente, mesmo enquanto presta mais atenção ao que é mais importante. Por exemplo, uma artista amiga minha vê a imagem de determinado número surgir na tela mental, aparentemente lhe implorando para ser interpretado através da pintura. Ela está esperando a ocasião em que essa imagem irá se transformar realmente num número de sorte, pronto para tomar corpo num trabalho completo. Por enquanto, ela está simplesmente apreciando com calma o processo de deixar o quadro se desenvolver — bem diante dos seus olhos.

CAPÍTULO SETE

CAMINHO INTUITIVO PARA O SUCESSO E A PROSPERIDADE

SUA LIGAÇÃO COM A ABUNDÂNCIA

Assim como o caminho intuitivo leva a uma maior criatividade e intuição, da mesma forma pode ajudá-lo muito a se abrir para mais abundância na sua vida em geral. A abundância pode assumir a forma material da prosperidade e do sucesso, mas o quadro completo compreende tudo, desde amor, energia, criatividade, intuição e sabedoria, até a sensação de satisfação, seja profissional ou de outro tipo. Enfim, a abundância é qualquer coisa necessária para apoiar e nutrir plenamente o eu, à medida que você segue seu caminho na vida.

Você tem o potencial inato de manifestar cada vez mais riquezas de todo tipo na vida, assim como pode aumentar a capacidade intuitiva e criativa para ter mais satisfação no seu caminho. De fato, enquanto você aprendia a estar em relação com o eu intuitivo, também estava no processo de descoberta do eu bem-sucedido.

O eu bem-sucedido é a parte do eu intuitivo que já sabe como criar e se relacionar com as possibilidades mais promissoras. Facilmente acessível, está sempre pronto para receber e perceber todas as respostas e oportunidades que você precisa para que a maior abundância se manifeste — seja qual for a forma que isso assuma para você

— desde uma conta bancária, um negócio rentável ou uma carreira satisfatória, até um casamento feliz, uma idéia de um milhão de dólares ou uma saúde de ferro.

Aguçando a capacidade intuitiva inata, você aumenta naturalmente o potencial para um maior sucesso e prosperidade. Você pode usar as técnicas que já desenvolveu — focalização plena, afirmação e visualização — para se equilibrar ainda mais com sua ligação intuitiva com a abundância.

Entretanto, você descobrirá um paradoxo interessante à medida que continuar nesse caminho. Quanto mais fizer "as coisas certas" — se sintonizando conscientemente com o lugar para onde deve estar indo e com as respostas e orientações que precisa para chegar lá — menos constantemente precisará fazer tais esforços conscientes. Assim como se ligou ao eu intuitivo, descobrirá que, para se harmonizar com o maior potencial de sucesso, só é preciso estar no fluxo.

Essa percepção, por sua vez, permite que você reveja a sua maneira de perceber todo o sucesso que tem à sua disposição na vida. Lembre-se: à medida que você cresce e amadurece ao longo da espiral da percepção, o caminho do sucesso e a percepção do mesmo também desabrocham. Sempre que se sentir frustrado, lembre-se de que o eu intuitivo pode sintonizá-lo mais finamente com o caminho que você precisa seguir e com a forma de segui-lo.

Quando você estiver no caminho do desenvolvimento da percepção, mesmo quando achar que nada está acontecendo, na realidade a sabedoria interior poderá estar agindo. Finalmente, você poderá ver e colher novas e melhores oportunidades, bem como ter mais resultados.

À medida que você for reconhecendo sua intuição inerente e continuar a desenvolvê-la, observe também como o eu bem-sucedido entra em ação. Deixe que a intuição o guie à medida que você se sintoniza com os melhores objetivos a serem atingidos e com a melhor forma de alcançá-los. Permita então que o processo de expressão das orientações e soluções mais bem-sucedidas flua e se desenvolva naturalmente.

• *Exercício 53: Ligação com o seu eu bem-sucedido*

PARTE 1: experimente esse exercício sempre que precisar se lembrar da ligação intuitiva com a abundância.

Respire profundamente e feche os olhos, voltando a atenção para o coração; continue a respirar profunda e ritmicamente. Continue transmitindo a respiração e a atenção para o coração e comece a se lembrar de uma época em que se sentia bem-sucedido — quem sabe quando conseguiu um aumento, um determinado emprego, diplomou-se em algo, ou mesmo quando conseguiu fazer um dos exercícios deste livro. Comece a sentir como se sentia naquela ocasião. Qual é a sensação que sente? Sente calor? Um formigamento? Parece estar sorrindo ou radiante? Tem uma sensação mais tranqüila de "virtude" e "equilíbrio"?

Continue se lembrando desse sentimento de ser bem-sucedido o mais detalhadamente possível, por quanto tempo quiser. Compreenda que você pode voltar para esse sentimento sempre que quiser se ligar ao eu bem-sucedido.

PARTE 2: experimente fazer este exercício sempre que precisar de uma orientação mais direta do eu bem-sucedido.

Comece fazendo a Parte 1. Quando estiver pronto, passe a percepção para a tela branca mental enquanto focaliza o tópico com o qual deseja entrar em sintonia (pedir um aumento, fazer um *brainstorming* para um novo projeto de negócio, decidir que opção terá mais sucesso etc.). Respirando e mantendo a percepção na tela branca, deixe que a mente passe para uma voltagem mais alta dizendo algo como: "Abro-me agora para toda orientação e informação necessárias para me conduzir a um maior sucesso e prosperidade."

Continue respirando enquanto se conscientiza de qualquer pensamento, sentimento, imagem, palavra etc., que surja. Você pode receber uma mensagem completa, um fragmento ou simplesmente nada — agora ou mais tarde. Mas continuando a se relacionar com o eu bem-sucedido, terá mais probabilidade de receber orientação para o êxito quando precisar.

À medida que você continuar a desenvolver a intuição, as idéias para ter mais sucesso, prosperidade e abundância ocorrerão naturalmente. Você pode testar de fato essas idéias, no local de trabalho. Para fazer bons negócios, é necessário muito mais que simplesmente saber dos fatos e fazer uso deles. Seja qual for sua linha de trabalho, você e ela se enriquecerão usando a intuição para detalhar informações acerca dos fatos e para dar um salto na direção da obtenção do quadro completo.

Todos nós já tomamos contato com detetives astutos e advogados perspicazes, que seguiam suas premonições para completar as lacunas de informação, antes que os fatos fossem descobertos. É da própria natureza da intuição apresentar uma "visão", antes que os fatos e os números possam ser comprovados. Portanto, não descarte idéias ou estratégias só porque ainda não dispõe de dados para confirmá-las. Esse é um ponto que eu faço questão de enfatizar nos meus seminários laboratórios voltados para empresas, onde muitos dos participantes são requisitados a pensar criativamente mas estão sempre com os olhos no resultado.

Nos negócios do dia-a-dia, há uma tendência a só se dar os passos mais lógicos, em vez de dar alguns "saltos intuitivos" que poderiam alterar o curso desses negócios. As mentes puramente lógicas tendem a chegar sempre ao mesmo tipo de conclusão lógica, e, no mundo dos negócios, fazer a mesma coisa que todos os outros estão fazendo leva infalivelmente à mediocridade. As soluções criativas, em qualquer tipo de trabalho, requerem pensamento criativo e rápidas mudanças intuitivas baseadas na "fé".

Em um nível bem prático, buscar primeiro a visão intuitiva e depois trabalhar a partir dessa visão para verificar sua viabilidade é geralmente mais fácil e mais produtivo que seguir cegamente dados lógicos ou complicados. Seguir a lógica passo a passo, sem a orientação da visão global do grande quadro, muitas vezes pode conduzir à direção errada, levando por fim a um beco sem saída.

Há alguns anos, duas companhias estavam planejando entrar no ramo de biscoitos naturais com dois biscoitos de frutas praticamente idênticos. O produto de uma das companhias foi barrado no teste de mercado, quando foi feita a abordagem lógica — a que diz respeito aos benefícios que o produto proporciona à saúde. A segunda companhia sabia que deveria fazer uma abordagem mais criativa caso não quisesse também ser barrada. A pesquisa de mercado realizada indicou que deveria dizer às mães que o seu produto, *Fun Fruits* [Frutas Divertidas], era um biscoito bom para a saúde, feito de frutas mesmo. Mas a companhia também precisava convencer as crianças de que era divertido comer os biscoitos.

O problema era o seguinte: as crianças achavam que qualquer coisa considerada suficientemente boa para a saúde pelas mães não poderia ser divertida e gostosa ao mesmo tempo. Como um comercial poderia deixar mães e crianças felizes e, ainda, vender o produto?

Todos estavam tão ocupados em tentar resolver com lógica essa contradição inerente, que não conseguiam ter uma visão de conjunto, perdendo-se nos detalhes. Mas um diretor criativo e intuitivo teve uma visão que resultou numa ótima solução. Enquanto trabalhava nesse assunto, ele tinha uma visão de árvores que riam, e em vez de rejeitar a visão por não ter sentido, procurou se sintonizar nela para ver como poderia ser usada produtivamente.

Embora a princípio ele não enxergasse nenhuma lógica, logo percebeu que as árvores que riam eram a chave para comunicar tanto o divertimento, quanto o benefício para a saúde dos Fun Fruits — ao mesmo tempo que agradavam às mães e às crianças. Foi criada toda uma série de comerciais extremamente imaginativos, em que os Fun Fruits caíam de árvores que riam baixinho, disfarçadamente — fazendo as crianças pensarem que os produtos eram divertidos, e as mães, que eram naturalmente saudáveis.

Trabalhar a partir de uma visão, em vez de tentar resolver o problema de cara, acabou resultando numa campanha muito convincente — e num recorde de vendas para a companhia. Lembre-se: pensamento intuitivo é pensamento pleno. Consegue resolver problemas de trabalho porque os vê a partir de uma perspectiva mais ampla, na qual muitas soluções são possíveis, incluindo as que nunca surgiriam simplesmente pelo uso da lógica.

Quando as decisões que você tomar nos negócios forem baseadas amplamente, ou mesmo parcialmente, na intuição, o controle sobre o desenvolvimento dessas decisões ocorrerá naturalmente. Esse instinto vai dar a oportunidade de fazer ajustes nas decisões intuitivas, seguindo o fluxo e corrigindo as visões com o bom senso. À medida que o cérebro direito mostra o caminho, essa troca entre os hemisférios esquerdo e direito vai guiá-lo em direção à melhor solução de todas, baseada em ambas as abordagens do problema.

Não se esqueça de que os projetos de negócios geralmente se desenvolvem durante certo período de tempo. Sempre que for necessário um consenso, pouca coisa ocorrerá instantaneamente. A direção do fluxo, entretanto, pode mudar subitamente durante os acontecimentos. Nesses casos, a intuição vai sempre proporcionar um salto competitivo, ajudando a evitar as armadilhas dos caminhos práticos, que visam apenas o resultado, antes mesmo que os dados e números indiquem que um problema está surgindo. A sua recompensa será uma reputação de perspicácia profissional, bons instintos e resolução criativa dos problemas.

Por outro lado, se você é do tipo que gosta de raciocínios e pesquisas complicados, não precisa desistir completamente da ajuda da intuição: Simplesmente reverta o processo, permitindo que o cérebro esquerdo conduza o direito. Um pesquisador de mercado que conheço usa o pensamento intuitivo e criativo para dar mais sentido aos números que obtém. Os números estão sujeitos à interpretação e um forte senso de intuição é a chave para integrar e compreender, com maior profundidade, dados complexos.

Muitas figuras de prestígio no mundo dos negócios atingiram o topo seguindo a intuição, apesar dos números. Allen Neuharth, que deu início ao *USA Today*, encomendou toneladas de pesquisa de mercado para determinar o potencial de viabilidade do seu jornal de âmbito nacional — mas nenhuma delas foi conclusiva. Ele, porém, seguiu o instinto, e, três anos e muitos milhões de dólares perdidos mais tarde, os resultados dos testes ainda não estavam claros. Mas ele estava determinado a continuar, e o jornal hoje em dia é um sucesso nacional.

O pessoal de *marketing* da Nike nem se incomodou com testes de pesquisa quando criou a campanha "Just Do It" (Apenas Faça). Eles sabiam intuitivamente que a linha do tema seria uma parada dura com os potenciais consumidores e, de fato, "apenas fizeram" por conta própria. Os resultados entraram para a história do *marketing*, colocando a Nike disparada no topo de um mercado altamente competitivo.

Um estudo recente demonstrou que os altos executivos das principais empresas usam a intuição em 80% de todas as decisões que tomam. Então por que você não faz o mesmo?

Ninguém está dizendo que você deve mandar suas precauções às favas e só agir emocionalmente, mas, se não usar também seu instinto, não terá todos os valiosos detalhes do grande quadro à sua disposição. Os psicólogos têm chamado a atenção para a relação que existe entre entrar em campos de alto risco/altas finanças e estar aberto à orientação intuitiva. Nessas ousadas aventuras, deve-se esperar o inesperado e tentar ver o mais à frente possível, para tirar partido das tendências. Talvez seja por isso que tantos dos que chegaram lá, em tantas áreas de risco, de Wall Street à política, *show business*, artes, publicidade e esportes, não abrem mão da informação que um bom conselheiro intuitivo ou astrólogo pode lhes oferecer. Todo ano vejo uma grande porcentagem dessas "pessoas de sucesso" no meu consultório particular e nos laboratórios de intuição.

Para aumentar constantemente seu instinto por negócios intuitivos e o quociente de prosperidade geral, continue seguindo o fluxo, pratique seus exercícios de intuição o mais regularmente que puder, e faça confirmações com o eu intuitivo à medida que prossegue. O desenvolvimento da capacidade intuitiva em geral vai lhe dar condições de entrar mais em sintonia com esse processo, muitas vezes sutil, de confirmação, e ajudá-lo a tomar as melhores atitudes e decisões nos negócios.

Para conhecer modos mais específicos de usar o fluxo da intuição para ter um sucesso ainda maior, continue lendo. Use tanto o bom senso como o senso fora do comum para perceber o que e como melhor se aplica ao seu campo de trabalho. Depois, prepare-se para se abrir à orientação intuitiva para o sucesso.

VENDENDO COM EMPATIA

Todos nós precisamos vender uma vez ou outra — seja uma idéia, seja um objetivo, "vendermos" a nós mesmos para um possível empregador ou até alcançarmos certa posição de vendas. Em qualquer dessas situações, a intuição pode ajudá-lo a atingir seu objetivo.

Uma história que se passou com meu padrasto exemplifica o que eu quero dizer. O homem era o que se chama normalmente de um "vendedor nato". Havia vendido tantas *storm windows** durante a rápida expansão econômica da construção, nos anos 60, que precisou mudar seu negócio para outra região, a fim de encontrar pessoas a quem ainda não tivesse vendido. Era tão conhecido na última cidade em que se instalara, que era chamado de prefeito não oficial. O segredo de seu sucesso era a maneira cuidadosa que tinha de intuir e satisfazer as necessidades de seus clientes.

Assim como tinha um instinto especial para saber quando fechar uma venda, tinha também um jeito especial para perceber o quanto seus clientes podiam gastar. Não era raro ver "desfazendo uma venda" de artigos mais caros com determinados fregueses, o que inicialmente lhe diminuía as comissões, mas lhe dava uma reputação de vendedor honesto de valor inestimável. Sua maneira intuitiva de lidar com as vendas lhe dava grandes vantagens, pois seus clientes agradecidos indicavam outros tantos novos clientes, a quem ele tratava do mesmo jeito cuidadoso.

* *Storm window* — uma janela secundária que é instalada sobre a janela comum para proteção contra o vento e o frio. (N.T.)

Ter empatia pelas necessidades de um cliente ajuda a chegar a um equilíbrio entre o comprador e o vendedor e também a chegar à solução de venda inerente ao problema específico dessa venda. Fatalmente, o melhor vendedor é também o mais cuidadoso. A venda bem-sucedida dá-se quando se acompanha o fluxo da situação. Nesse fluxo, você pode intuir as necessidades de um cliente e saber quando pressioná-lo, quando se afastar, quando tentar voltar a falar com ele e quando fechar o negócio.

Uma dona de butique, minha amiga, junta ainda criatividade a essa mistura. Sempre que vou a sua loja, vejo-a fazer sugestões realmente inspiradas às suas clientes, sobre como adaptar ou reformar criativamente as roupas que vende, para diferentes finalidades. Um dia, quando a cumprimentava sobre isso, ela me disse: "Ah! Quando venho para a loja eu 'ligo' esse programa." Em outras palavras, ela instintivamente afirma para ela mesma que vai seguir o fluxo para ajudar seus clientes a fazerem boas escolhas e se ajudar a fazer vendas maravilhosas.

O *marketing* é outro aspecto das vendas que requer bons instintos e capacidade de sentir empatia com o cliente. Ken Hakuta, também conhecido como Dr. Fad, tem uma capacidade extraordinária de transformar produtos não convencionais em histórias de sucesso do dia para a noite. Hakuta se especializou em descobrir coisas de que as pessoas não precisam mas pelas quais fatalmente ficarão perdidamente apaixonadas, como o Wacky Wallwalkers, pequenas figuras de plástico que sobem e descem sozinhas pelas paredes. Hakuta conheceu-as casualmente, quando alguns anos atrás abria um pacote que chegara do Japão. Ele não precisou de pesquisa de mercado para dizer-lhe que tinha um sucesso nas mãos. Ele sabia disso.

O segredo do sucesso de Hakuta é o quanto ele se diverte com o próprio trabalho e com o grande talento, ou empatia, para saber que coisas vão deixar as pessoas loucas de vontade de possuí-las. Você também pode usar a empatia para ajudá-lo a descobrir melhores idéias e soluções nos negócios.

• *Exercício 54: Ligação com a empatia*

A próxima vez que você precisar criar ou vender um produto, elaborar um sistema organizacional, escrever uma palestra, ou cumprir qualquer outra necessidade de trabalho, procure imaginar que é esse produto final ou objetivo a ser alcançado. Descubra o que ele precisa. Você provavelmente já usou essa técnica quando disse alguma vez para si mesmo, ao se debruçar sobre algum problema como decorar um quarto ou fazer uma prova ou mesmo dar uma palestra: "Ele precisa de alguma coisa..." Você de fato já a usou se tentou fazer o exercício de empatia criativa do capítulo 6 (exercício 50).

Primeiro, respire profundamente e visualize a tela branca se formando no olho da mente. Uma boa maneira de começar é ver o projeto em que está trabalhando, e depois se representar a si mesmo superposto a essa imagem, literalmente se fundindo com ela, formando uma só figura com a tarefa que tem em mãos. Outra forma de fazer isso é, depois de imaginar o quadro do projeto na tela, respirar tanto na imagem quanto no centro de energia do terceiro olho. Isso vai fundir os dois, dando-lhe a perspectiva do olho da mente sobre a personalidade e a necessidade projetadas.

Se você está lidando com um produto, transforme-se nele e tente sentir tanto as suas próprias necessidades como se adaptar às necessidades dos seus clientes. Se o produto é usado numa parte do corpo, transforme-se nessa parte do corpo. Se você está projetando um novo sistema de enchimento, ou um novo programa de computador, converta-se nesse sistema e sinta o que você precisa para funcionar sem problemas e com eficiência. Se está preparando uma palestra, use o sistema da empatia para perceber que tom ou vocabulário precisa para transmitir sua idéia. Essa técnica também pode ser aplicada a pessoas. O que é que o seu cliente precisa? O seu patrão? Sua empresa? Descubra usando a intuição para se converter nessa pessoa ou estrutura.

Bem no início dos anos 70, a empresa que fabricava os produtos Arm & Hammer pediu à agência de publicidade com que trabalhava que desenvolvesse um nome e uma imagem para o novo sabão para lavar roupa, não poluente, que havia desenvolvido. Apesar de produtos semelhantes apresentarem desenhos e palavras chamativos e nomes atraentes como "Ecolo-g", o executivo jovem e criativo que estava com a conta usou a intuição para se colocar dentro da caixa e se identificar com o produto num nível bem primário.

Como produto, percebeu que, para preencher suas necessidades, precisava ir contra a maré das imagens aceitas de sabão em pó. Sentiu que precisava decididamente de um nome que não fosse nem um pouco apelativo e de uma embalagem que parecesse uma velha embalagem de fermento, marca Old & Hammer, que os consumidores haviam sempre associado à simplicidade e à pureza. Seus colegas de trabalho acharam que a idéia era incompleta pois desafiava a maneira convencional de "pensar em sabão em pó" e provavelmente iria confundir os consumidores. Felizmente, o presidente da agência, uma pessoa mais intuitiva, recomendou para o cliente a solução "simples" — cujo produto até hoje continua com a mesma embalagem, que parece uma grande caixa de fermento, e é a única, dentre seus concorrentes iniciais, que ainda continua no mercado.

PEQUENAS VOZES, PEQUENOS VISLUMBRES, PEQUENOS SENTIMENTOS

Desenvolver a capacidade de seguir pequenos vislumbres intuitivos, pequenas vozes e pequenos sentimentos pode certamente ajudar no trabalho. Eloise, uma diretora de recursos humanos, diz que usa sempre a intuição para ler as entrelinhas dos currículos que recebe. Uma vez, descobriu um candidato a um posto de trabalho, que parecia perfeito, mas algo lhe dizia que ele não iria servir. Ela passou essa informação adiante, que no entanto não foi notada. O candidato foi contratado e alguns meses depois colocou a companhia em dificuldades, que lhe custaram muito tempo e dinheiro.

A intuição de Eloise também ajudou a descobrir candidatos perfeitos, mesmo quando as credenciais não eram tão perfeitas. Conseqüentemente, Eloise consegue um grande número de experiências positivas preenchendo cargos com as pessoas certas, à medida que acompanha e desenvolve os vislumbres intuitivos e sensações fortes.

Dick, administrador de uma empresa, havia sido encarregado de alugar um carro para levar seu pessoal a um grande encontro. A empresa de aluguel de carros havia confirmado a reserva, mas Dick sentira que deveria mudar os planos e chegar ao pátio de estacionamento da locadora no máximo ao meio-dia, apesar de o carro só ser necessário um pouco mais tarde. Como não estava habituado a ter sensações assim tão fortes, Dick agiu de acordo com elas e alugou o último carro que ainda estava disponível. Como resultado dessa experiência intuitiva bem-sucedida, Dick passou a confiar e seguir suas intuições com freqüência muito maior do que fazia, com conseqüências extremamente benéficas.

O GOSTO EXAGERADO PELO ÓBVIO; "TROPEÇANDO" NO QUE NÃO É TÃO ÓBVIO

Uma professora, minha cliente, descobriu que tinha um talento especial para comprar casas cujo preço depois quadruplicava num período muito curto. Ela descrevia essa capacidade como uma espécie de "sensação" a respeito do potencial do imóvel e achava o processo todo, simplesmente, óbvio.

O fato de a intuição ser algo tão natural, percebido como óbvio, pode ser um simples efeito do seu poder irrefutável. Fortunas inteiras foram construídas por pessoas que simplesmente seguiam instruções "óbvias" e tomavam as decisões "óbvias", com a clareza "óbvia" do próprio sensor interno.

Algumas vezes, a intuição pode perceber o verdadeiro sentido de uma situação, de início não tão óbvia. Dorothy, uma agente literária, foi procurada por um grupo de escritores que lhe ofereceram um projeto que lhe pareceu muito oportuno. Esses escritores dispunham de um tempo limitado para ver outros agentes. Dorothy, normalmente uma pessoa muito cautelosa, cancelou toda a agenda de um dia para poder se encontrar com eles, baseada apenas numa forte intuição de que valeria a pena. Mesmo quando mais tarde lhe avisaram que contratariam outro agente, ela não perdeu a esperança de que as negociações ainda não houvessem terminado. De fato, alguns dias depois, os escritores lhe telefonaram outra vez para dizer que finalmente haviam decidido contratá-la.

Seja qual for a decisão que precisar tomar nos seus negócios, óbvia ou não, a intuição vai-lhe ajudar a fazer a melhor escolha possível. Use conscientemente o poder da intuição confrontando-o com o eu intuitivo, seguindo a Lista de Checagem Visual/de Sentimentos e usando a empatia para ter essa verdadeira pista interior.

SABER O MOMENTO CERTO É TUDO

Saber o momento certo para fazer as coisas é, sem dúvida, um dos benefícios de se seguir o caminho da intuição que traz conseqüências maravilhosas para os negócios. Dorothy sentiu que era o momento certo para o projeto do livro. Recentemente, ouvi uma história a respeito da experiência intuitiva da noção do tempo certo (*timing*), pela qual passou Clint Eastwood, quando rodava o filme *Pale Rider*.

Eastwood tinha programado cuidadosamente a filmagem incluindo uma seqüência de folhas soltas de outono que abririam o filme, e que estavam programadas para serem filmadas mais tarde. Entretanto, ao acordar certa manhã, resolveu inesperadamente filmar as folhas soltas naquele mesmo dia, no lugar de uma outra cena. Então, a um custo potencialmente alto e causando problemas para todos os envolvidos, foi alterada a ordem do dia e a seqüência foi rodada. Quando o elenco e o pessoal da equipe da filmagem acordaram no dia seguinte, todas as árvores estavam completamente nuas — até a última folha caíra durante a noite. A alteração da programação, realizada de forma nervosa e aparentemente estranha por Eastwood, repentinamente salvara o dia e uma parte muito importante do filme.

Eastwood é famoso por ser um diretor que segue a intuição. Durante a produção, altera constantemente a programação. Mesmo assim, seus filmes sempre ficam prontos a tempo e dentro do orçamento. Diz ele: "É preciso saber aguardar o destino, não se pode dar de cara com ele." Isso significa que, realmente, você deve seguir o fluxo para alcançar o máximo de sucesso. Dessa forma você será capaz de mudar o foco de atenção quando necessário, de modo a tirar o maior partido possível das oportunidades, e a recompensa será saber reconhecer perfeitamente o momento certo ou *timing*.

SEU FLUXO NATURAL DE CORAGEM E CONFIANÇA

Vamos encarar a verdade. Para poder de fato realizar essa meta, seja no mundo material ou de outro modo, é preciso muita coragem e confiança. Estar no fluxo nos enche de confiança quando começamos a ter certa sensação de conhecimento exato. Por outro lado, começamos a desenvolver a coragem de continuar seguindo em frente, no fluxo. A coragem e a confiança unidas permitem que corramos os riscos geralmente necessários para que o sucesso de fato aconteça. Quando seguimos verdadeiramente o fluxo, os "saltos" ousados, motivados pela fé, de alguma forma não parecem tão arriscados.

Vejamos o exemplo de um outro cliente de Dorothy. Esse escritor mandou para Dorothy e para muitos outros agentes um manuscrito que não fora solicitado. Meses depois, como Dorothy estivesse arrumando o escritório, descobriu o trabalho escondido sob uma pilha de outros papéis. Estava completamente amassado e coberto de pó, mas ela limpou-o, levou-o para casa para dar uma lida e interessou-se por ele.

Quando ligou para o escritório do autor, a secretária imediatamente lhe disse: "Ele não está aqui no momento, mas disse que se você telefonasse era para dizer que podia continuar." Apesar de as probabilidades serem muito pequenas e de haver passado muito tempo, o escritor sabia, com absoluta certeza, que Dorothy, e somente Dorothy, seria quem finalmente iria representá-lo com sucesso.

A intuição o vai levar em direção ao sucesso e à prosperidade. Você vai saber que está no fluxo quando perceber que repentinamente tem a estranha capacidade de encontrar os verdadeiros recursos e informações de que precisa. Esse fenômeno não é só útil em termos práticos, mas também para confirmar o acerto da escolha de determinado projeto.

Conheço um aluno de graduação que está escrevendo uma tese, o que é realmente um desafio em termos de pesquisa. Para concluí-la, ele precisa estar permanentemente em estado de alerta para descobrir informações pouco difundidas. Parece que, por acaso, encontra pessoas com o trabalho específico de que ele precisa. Essas experiências o incentivam a continuar a empreitada arriscada que representa esse projeto desafiador.

Você às vezes pode ter um forte vislumbre sobre um caminho que deve seguir, mas esse vislumbre não traz a quantidade de informação que você acha necessária para segui-lo. Isso não importa. Se um vislumbre for muito forte, você não deve ignorá-lo, tente segui-lo seja como for. Muitas das carreiras mais bem-sucedidas foram construídas por pessoas capazes de reconhecer e agarrar uma boa idéia quando surgia. Por exemplo, conheço uma produtora de tevê que sempre sentia vontade de ir a Chicago, cidade onde ela não conhecia ninguém. Finalmente, resolveu ir até lá e, quando chegou, rapidamente entrou em contato com um projeto perfeito para ela. Quando começou a desenvolver o projeto, começaram a "chover" idéias e a ocorrer circunstâncias favoráveis, apesar de ela não dispor de recursos nem contatos na cidade. Para ela, ficou muito claro que os sinais não eram falsos. Isso foi a confirmação de que estava no caminho certo, ao mesmo tempo que lhe dava também o benefício dos recursos práticos.

Parece que a coragem e a confiança surgem naturalmente juntas, sem maior esforço, no fenômeno conhecido como sorte de principiante. Esse tipo de sucesso é o resultado de uma incansável abertura ao conceito de possibilidades ilimitadas. Decerto, você já ouviu muitas vezes histórias sobre uma realização impressionante, que começou com algo parecido com: "Eu não conhecia nada melhor, então mergulhei de cabeça — e fiz!" A união de um desejo intenso a um modo aberto de lidar com as coisas geralmente tem o poder de tornar a sorte do principiante praticamente inevitável.

Conheço uma mulher tímida, embora muito competente, que queria clara e decididamente fazer uma pesquisa para um prestigiado jornal de televisão nacional, mesmo sem ter nenhum conhecimento a respeito dos meios de comunicação. Estreante nesse mundo, ela estava ingenuamente inconsciente das probabilidades desfavoráveis. Ela queria tanto o trabalho, que superou todas as dificuldades. Depois de enviar um telegrama ao produtor do programa, tecendo altos elogios às virtudes que possuía e um jornal com manchetes que louvavam a soma dos seus talentos aos da equipe do programa, ela conseguiu de fato o trabalho. Um passo gigantesco no caminho para o sucesso e mais uma sorte de principiante para a humanidade!

Onde for que você esteja em termos da trajetória da prosperidade ou da carreira, trate cada esforço que faz em direção ao sucesso como um novo começo com um potencial ilimitado. Você ficará livre das dúvidas e hesitações que o impedem de entrar num fluxo maior de prosperidade, desenvolverá o instinto de correr riscos com a confiança e a coragem de alguém cheio de ambição e energia e se abrirá para a sorte de principiante a cada passo do seu caminho.

Nem todos possuem esse desejo forte e destemido para seguir certa trajetória relacionada à carreira. Em alguns momentos, você pode não saber o que quer, ou ficar em dúvida com relação a qual dos diversos caminhos seguir. Numa situação dessas, busque o apoio da técnica do fogo na barriga que você aprendeu no capítulo 6, para lhe dar a coragem de assumir riscos criativos na vida profissional e ajudá-lo a encontrar sua trajetória profissional única, ao mesmo tempo que o leva com o fluxo.

Para um estímulo especial, faça o exercício seguinte sempre que quiser se informar sobre seu caminho e obter uma ajuda útil ao longo da jornada.

• *Exercício 55: Harmonização com o seu caminho profissional e de sucesso*

Faça o aquecimento, inclusive a respiração rítmica profunda, o equilíbrio energético ou a focalização num determinado ponto energético, se assim quiser. Visualize a tela em branco enquanto diz ou pensa afirmativamente alguma coisa parecida com: "Eu me abro agora ao desenvolvimento perfeito do meu caminho profissional. Abro-me às palavras e sentimentos que me mostrarão já essa trajetória." Continue respirando na tela branca e observe que palavras, quadros ou sentimentos aparecem.

Continue pedindo explicações e mais orientação ao eu intuitivo. Você está visualizando um quadro completo ou um fragmento de um quadro que está para aparecer? Peça para ter a sensação de saber o momento certo. Há alguma mensagem orientando-o sobre como lidar com a carreira neste momento? Há alguma idéia nova a ser desenvolvida, ou algum plano para ser posto em prática, ou o seu quadro está mostrando o que vai desabrochar no futuro?

Pergunte sempre ao eu intuitivo como você pode usar essa informação, à medida que desenvolve uma consciência total a respeito do caminho e do planejamento da sua carreira. Além disso, verifique sempre com o eu intuitivo se há possibilidade de algum indício quando você ouve falar de novos investimentos, lê os classificados, livros sobre negócios e biografias de pessoas ilustres do mundo dos negócios.

SEJA O EMPRESÁRIO DA SUA VIDA

Os empresários são famosos por ter o tipo de coragem e determinação de que falamos há pouco; ou seja, o tipo de coragem que permite enxergar longe e seguir as próprias inclinações, apesar de todos os contratempos. Com muita freqüência, eles o fazem sem a segurança de um mapa pormenorizado para consultar, ou de qualquer outro meio palpável para demonstrar os planos.

Reflita sobre a história bem-sucedida de dois pesquisadores da IBM nos anos 70. Como muitos outros cientistas da época, eles casualmente ouviram falar da "supercondutividade", a possibilidade teórica de que a eletricidade pudesse atravessar um composto cerâmico sem atrito e sem que ocorresse nenhuma perda de energia.

Nessa época, ainda não existia esse composto cerâmico, mas imagine só como seria o mundo caso a energia fosse abundante e barata como água corrente. As implicações eram, e ainda são, inacreditáveis.

Foi exatamente isso que pensaram os cientistas da IBM. Porém, a IBM havia dado ordens expressas para que não fosse feita nenhuma tentativa nesse sentido, que imaginava impossível em termos práticos. Mas os cientistas haviam tido um forte sinal de que daquela vez a empresa estava errada. Esse sinal era respaldado pelo bom senso do treinamento científico que possuíam e era tão convincente, que ousaram desafiar, com a cara e a coragem, as ordens da empresa; durante dois anos, eles aproveitaram todos os minutos que sobravam para fazer experiências com compostos cerâmicos, o que era bastante inconveniente pessoalmente e profissionalmente arriscado.

Dois anos depois, fizeram a primeira descoberta importante sobre a versão prática do composto que seus superiores haviam chamado de impossível, abrindo ao mesmo tempo todo um novo ramo na produção de eletricidade. Atualmente, a supercondutividade está-se tornando uma realidade, e aqueles dois cientistas são hoje os detentores de uma patente da maior importância para a indústria. Portanto, agora, além de terem uma posição extremamente interessante nesse mercado inteiramente novo, têm também a satisfação de ter feito uma das maiores descobertas científicas da atualidade. Esse é um exemplo de como seguir o instinto, ao longo do caminho intuitivo para o sucesso e para a prosperidade.

E temos também as histórias de Myra e Colleen, que tinham a sensação de que deveriam começar um negócio próprio, e que se mantiveram seguindo a intuição, da adversidade para o sucesso.

Colleen tivera trabalhos de menor importância entre um emprego e outro, depois de trabalhar anos no ramo de revistas. Um dia, enquanto estava varrendo umas folhas, teve a idéia de ligar para o Centro de Intuição Aplicada, sem saber muito bem por que. Pediu que lhe enviassem informações e, algum tempo depois, folheando as publicações que o centro enviara, uma luz se acendeu em sua mente. Por que não criar uma revista de qualidade sobre o tema da intuição e da criatividade, para ser vendida em bancas? Ela escreveu uma proposta, mandou-a para o diretor do centro, que gostou muito e, no dia seguinte, já estava a todo vapor!

Sua revista, chamada *Intuição*, teve sucesso imediato. Dois meses depois do lançamento, porém, o centro foi obrigado a fechar as portas. Embora as perspectivas futuras parecessem péssimas, Colleen confiou na visão que tivera. Recebeu várias ofertas para que a revista passasse a participar de outras organizações, mas, apesar de não ter um tostão, Colleen estava convencida de que isso não seria bom nem para ela, nem para a revista. Houve períodos em que chegou a pensar em arranjar outro trabalho, mas, quando isso acontecia, parece que uma voz interior lhe dizia "não"!

Finalmente, uma pessoa rica que conhecera e apreciara muito a revista procurou Colleen para fazer uma proposta de fusão que lhe permitisse continuar publicando. Dessa forma, *Intuição* chegou de novo às bancas, mais forte do que nunca, e continua a crescer em grande parte graças à determinação e confiança de Colleen na própria intuição.

As premonições de Colleen de fato têm êxito, por exemplo, quando é hora de fazer promoções e conseguir novas assinaturas. Com uma grande quantidade de listas de mala direta bastante caras como ponto de partida, Colleen usa a sensibilidade para fazer as escolhas mais interessantes. E deve estar acertando, porque *Intuição* tornou-se a revista alternativa que mais se expande no mercado.

Myra, uma chefe de cozinha de muito talento, teve a idéia de montar com o marido um negócio de comida mexicana pronta. Sem nunca ter trabalhado nesse ramo, não foram poucos os conselhos que recebeu de supostos especialistas, mas seu instinto geralmente lhe dizia quando as coisas não estavam certas. Muitas vezes lhe ofereceram "ajuda" em troca de uma parte no negócio, o que ela recusava sempre — apesar de estar totalmente quebrada — sabendo que deveria fazer as coisas à sua maneira.

Quando uma grande rede de supermercados se interessou em vender os produtos de Myra — mas com a condição de usar a própria marca e etiqueta — ela continuou insistindo em manter o nome da empresa, sabendo instintivamente que eles iriam atrás dela, apesar das evidências em sentido contrário. No último dia que dispunha para responder à oferta, seus produtos receberam uma crítica entusiasmada no *New York Times*. Um executivo da rede de supermercados leu a crítica e disse ao comprador que encomendasse os produtos de Myra — com sua marca intacta.

Hoje em dia, a empresa de Myra está crescendo mais depressa do que nunca, ao mesmo tempo que ela continua usando a intuição e confiando cotidianamente nela. Naturalmente ela usa a sensibilidade para criar novos produtos e planos de *marketing*, conseguir novos clientes e contratar os empregados mais produtivos. No entanto, recentemente ela me lembrou de que, no seu primeiro ano frustrante, quase perdera o negócio — mas que eu havia lhe aconselhado a continuar seguindo sua visão e seu instinto. Estou feliz por ter podido ajudá-la, mas foram dela os riscos, a energia e a determinação interiores e a intuição, responsáveis por concretizar seus sonhos com êxito.

Se qualquer uma dessas histórias lhe diz alguma coisa, ainda que pequena, é bom sinal. Fundamentalmente, devemos todos ser os empresários de nossa vida, acompanhando o fluxo e assumindo nossa carreira com coragem, confiança e auto-estima. Não importa quais são as particularidades da sua situação, lembre-se sempre de que, no seu caminho, você é o chefe da expedição. O eu intuitivo vai ajudá-lo a navegar sua vida rumo a uma maior abundância, quer seu caminho o conduza à gratificação de ser o feliz chefe de uma família, ou o cabeça de uma empresa poderosa.

Quando você estiver cismando sobre mudanças a longo prazo, sintonize-se com o caminho de sua carreira e observe que padrões e detalhes aparecem. Como qualquer informação intuitiva, alguns quadros vão parecer ter mais vida do que outros. Continue desenvolvendo-os até a hora certa, juntando o bom senso a tudo isso, até chegar a uma fórmula de abundância que qualquer empreendedor aplaudiria.

FLEXIBILIDADE

Até aqui, você provavelmente descobriu que o que é comum a todas essas histórias de sucesso é a capacidade de cada pessoa para seguir o fluxo, seguindo a intuição, mesmo quando números, tabelas, dados, ou a opinião geral possam indicar outra coisa.

Imagine o caos que poderia ter-se instalado no *set* de filmagens de Clint Eastwood, se ele tivesse mantido a programação original, ou as oportunidades que Dorothy e minha amiga produtora de tevê teriam perdido, se tivessem dado de ombros às próprias idéias. A curto prazo, seguir o fluxo pode ajudar muito a lidar com seus negócios, mas a longo prazo o efeito será muito superior a isso — realmente haverá a possibilidade de que o sucesso e a prosperidade fluam. Muitas formas de sucesso a longo prazo — muitas mesmo — acontecem com base na capacidade de perceber como as coisas estão fluindo e depois mover-se com elas.

Pense na história de uma tradutora que conheço. Ela teve uma forte intuição de que tinha de viajar para a Espanha, logo depois de se formar no secundário, mesmo sem saber nada de espanhol. Chegando lá, começou a se sentir com a língua como um peixe se sente com a água, e começou à sua maneira o próprio caminho, entrando num programa intensivo de espanhol; lá, ouviu falar de uma escola que contratava professores de inglês americanos. Ela não estava procurando isso, mas, por simples capricho, procurou se informar mais sobre o trabalho e esse era o dia exato em que estavam contratando professores para o semestre seguinte. Seguindo o fluxo do caminho intuitivo, de repente tinha surgido uma carreira. Em poucos meses, alguns clientes já lhe pediam que fizesse algumas traduções. De volta aos Estados Unidos, a intuição levou-a a mais oportunidades de tradução, inclusive a um evento inesperado que foi o resultado da participação do seu trabalho numa revista prestigiada.

Todas as experiências por que minha amiga passara nesse campo do "inesperado" tiveram grande sucesso e ajudaram a formar e a manter em desenvolvimento o grande quadro da sua trajetória profissional. Algumas de suas mudanças são mais espetaculares que outras, o que pode parecer que nada mais é senão o senso comum. Mas você pode saber que realmente tem o dom de aplicar a intuição à carreira da sua vida, ou o resto da sua vida para esse assunto, quando cada mudança que faz parece fluir naturalmente para outra, sem muito estardalhaço ou ansiedade.

É nesse sentido que não há nenhum desvio no caminho profissional. Tudo faz parte do conjunto, do todo. Construir a prosperidade, literalmente com a cara e com a coragem, significa acreditar no sucesso da sua vida e, depois, seguir o fluxo do desenvolvimento do caminho de sucesso. Continue consultando o eu intuitivo ao longo do caminho. Deixe que o fluxo da própria intuição o leve aos investimentos, clientes, trabalhos e carreiras completamente novos, ajudando-o a tomar as decisões mais apropriadas.

Também é bom saber que você está desenvolvendo uma flexibilidade que vai continuar ajudando-o a ir ao encontro de opções e de escolhas adequadas, na sua trajetória. Não se preocupe com os detalhes — eles amadurecerão naturalmente e ocuparão o devido lugar por si mesmos, à medida que você desenvolver a intuição e que seu caminho for se revelando. O medo dos detalhes, que eu chamo de síndrome do "o que vai acontecer se...", é bastante comum. Não tenha dúvida de que vai ter a flexibilidade e a percepção necessárias para lidar com esses detalhes, à medida que forem surgindo, e você será muito mais capaz de se abrir para o caminho de prosperidade e sucesso que virá pela frente.

CAPÍTULO OITO

A SABEDORIA INTERIOR DO ACONSELHAMENTO INTUITIVO

À medida que sua percepção interior se expande, pode ser que chegue um momento em que você sente que precisa ampliar ou variar os métodos de desenvolver a intuição. Sim, todas as respostas que você precisa estão dentro de você. No entanto, uma vez ou outra, você pode querer saber a opinião de um conselheiro intuitivo profissional ou ter aulas com um especialista em uma das muitas artes da intuição. Na verdade, isso é só uma forma de continuar o processo de desenvolvimento da própria consciência, expandindo-a através de um outro ponto de vista especial, afinado com os seus sentimentos e finamente sintonizado. Um profissional de talento pode entrar rapidamente em sintonia — e ajudá-lo a ficar mais sintonizado ainda — com o eu intuitivo.

Além disso, os profissionais da intuição podem se denominar de diferentes maneiras, desde sensitivo, médium, conselheiro ou consultor espiritualista, conselheiro ou consultor intuitivo (que é como costumo me referir a mim mesma). Neste capítulo, os termos são usados indistintamente; mas, além dos títulos, pretendo explicar como esses profissionais podem ajudá-lo.

IR OU NÃO IR... A UM PROFISSIONAL

Nos dias de hoje, nos sentimos ao mesmo tempo motivados e confusos com a variedade de consultores intuitivos à nossa disposição. Se você mora numa região urbana, provavelmente já reparou em placas e propaganda para tudo, desde consultas para leituras personalizadas de qualquer coisa, a fadas espirituais, leitura de folhas de chá por ciganas, consultas astrológicas e até mesmo coisas como equilíbrio da energia psíquica e psicoterapia ou terapia espiritual. Se você vive numa parte do mundo menos populosa, sem dúvida já deve ter ouvido alguma história a respeito de alguém que foi ver um conselheiro espiritual, apesar de você ainda não ter tido essa experiência pessoalmente; e também já deve ter ouvido algo a respeito da publicidade de uma dessas linhas de ajuda espiritual, que parecem estar por toda parte.

O que é mais importante saber sobre conselheiros intuitivos é que eles não são nada diferentes de você. Eles são simplesmente indivíduos que têm o compromisso de desenvolver e usar a própria intuição para ajudar outras pessoas. Quando você procura um conselheiro intuitivo, na realidade você está só aumentando a própria intuição através do contato com as mesmas capacidades, porém muito mais desenvolvidas, de um profissional. O melhor conselheiro intuitivo é aquele capaz de catalisar os lampejos intuitivos de outra pessoa. Uma sessão de aconselhamento pode ajudá-lo a ver o seu presente com muito mais clareza e também chamar a atenção para as tendências mais importantes que estão surgindo na sua vida, para que você possa tirar partido delas da maneira mais conveniente.

Talvez a melhor motivação para ver um intuitivo seja o que costumo chamar de sintonia psíquica. Consultar periodicamente um profissional, para aprofundar a percepção do que se passa em sua vida, pode acelerar o seu processo de compreensão e de crescimento em espiral. Uma manutenção básica como essa ajuda-o a manter o equipamento intuitivo em ótima forma. Com esse equipamento reabastecido e bem lubrificado, você pode então continuar sozinho e enfrentar os maus bocados ou mudanças inesperadas e ao mesmo tempo se conduzir de forma a evitar os problemas que podem ser evitados.

Você pode sentir necessidade de consultar um profissional ao chegar a um ponto crucial em qualquer uma das sete categorias principais de experiências da vida: amor, trabalho, dinheiro, criatividade, saúde, família e desenvolvimento espiritual. Se você está passando por um momento de perda ou retrocesso significativo, um conselheiro pode ajudar a aumentar sua compreensão acerca da situação e aconselhá-lo a lidar melhor com ela. A perspectiva é individual, mas pode reforçar também o aconselhamento oferecido por padres ou pastores e psicoterapeutas.

Qualquer motivo, não importa se frívolo ou não, é válido para aproveitar a oportunidade de acelerar o crescimento interior. Lembre-se no entanto de que um conselheiro intuitivo não pode tomar decisões por você, assim como um padre ou psicoterapeuta também não pode. Como os fantasmas do "Conto de Natal" de Charles Dickens, do Presente, do Passado e do Futuro, os conselheiros profissionais vão usar os dons que possuem para dizer o que está para acontecer na sua vida. E tem mais uma coisa: mesmo os melhores intuitivos falam em termos de probabilidades — ou seja, vêm o que é mais provável que aconteça, baseados nas situações, tendências e no que está subjacente no momento. Como nos totalizadores de Las Vegas, as probabilidades podem mudar — assim como você também está sujeito a mudar muitas coisas por você mesmo. Não espere sair da consulta com todas as respostas. Certamente, você sairá com informações valiosas que vão abrir o seu rico filão de percepção e compreensão, e é isso que vai conduzi-lo finalmente às suas próprias, e melhores, conclusões.

COMO ESCOLHER UM CONSELHEIRO

O primeiro passo para escolher um profissional intuitivo é ouvir falar, ou ver, o nome dessa pessoa. Você pode escolher um nome que viu num quadro de avisos ou num jornal, ajudado pela intuição. Ou pode ter lido sobre um conselheiro intuitivo em alguma publicação que respeita, ou ter lido ou ouvido uma menção a esse nome numa revista ou entrevista sobre um livro, cujo autor admira particularmente.

Alguém conhecido e em quem você confia pode ter falado sobre uma sessão maravilhosa que teve com determinado conselheiro. Se você se deparar com o nome de um conselheiro assim, casualmente, use a intuição para descobrir se o seu amigo ou conhecido tem um gosto semelhante ao seu. Se assim for, esse será um outro bom sinal de que o conselheiro em questão pode ser alguém que satisfaça as suas necessidades. Muitos dos meus clientes chegam até mim através de indicações pessoais, porque sentem que estão de certa forma sintonizados com as pessoas que lhes deram a indicação.

Uma observação para as pessoas que possam estar tentadas a ligar para um desses telefones de ajuda: não façam isso, por favor. Embora possa haver de vez em quando um profissional capacitado trabalhando do outro lado da linha, essa probabilidade é bastante pequena.

Uma vez tendo um nome confiável nas mãos, a melhor forma de saber se esse conselheiro é o indicado para você é telefonar para ele. Todo o mundo tem o direito de telefonar e fazer perguntas sobre o tipo de aconselhamento que é oferecido, sem se sentir obrigado a marcar uma consulta. Sinta-se à vontade para fazer as perguntas que quiser. Uma boa maneira de começar é perguntar ao conselheiro que método ele usa, ou qual é a especialidade dele. Todos os conselheiros têm suas especialidades, tanto nos métodos que usam, como no tipo de informação fornecida em que são especialmente bons. Por exemplo, eu uso o método da psicometria. (Você leu sobre psicometria no capítulo 5, e eu espero que possa utilizá-la.) Minha especialidade é dar uma visão geral iluminada, combinada com idéias práticas e orientação. Ajudo os clientes a compreenderem o sentido geral e os temas de suas trajetórias de vida únicas, o que permite que eles, por outro lado, compreendam o significado de fatos que estão acontecendo no momento presente de sua vida, assim como o que o futuro está-lhes preparando — e o que podem fazer a esse respeito.

Existem quase tantos métodos eficazes na obtenção de informações intuitivas quanto intuitivos profissionais. O método que você escolher deve ser bem acessível, mas não deixe que ele se torne um fator decisivo. É muito mais importante se concentrar nas vibrações que pode receber dos consultores. Confie na intuição e lembre-se do provérbio hindu que diz: "quando o aluno está preparado, o professor aparece". A minha opinião é que você precisa entrar em sintonia na hora certa, sem se preocupar muito com os métodos.

Quando falar com o conselheiro ao telefone, procure imaginar o que pode acontecer mais adiante. Pergunte para você mesmo: "Sinto-me à vontade com ele? Ele parece capaz de me compreender e de compreender o meu caminho? O que a maneira dessa pessoa falar ao telefone me diz sobre seu estilo de aconselhamento? É uma pessoa bastante profissional e clara? Cordial, flexível e um pouco informal? Ou é particularmente rude, ou brusca, ou distraída?" O mesmo se aplica se você falar com a secretária do consultor, ou alguém que o auxilie.

Pergunte-se se esse estilo atende as suas necessidades, se o satisfaz. Um consultor pode ser o melhor do mundo para o seu melhor amigo, e ser apenas medíocre para você. Tudo se resume ao que eu chamo de ressonância pessoal. Certos conselheiros intuitivos podem aquecer-lhe o coração e o espírito, enquanto outros, igualmente competentes, podem deixar sua percepção completamente "fria". Portanto, não se intimide em perguntar e procure realmente se sintonizar com as respostas que receber. Use a Lista de Checagem Visual/de Sentimentos (página 95) para sintonizar suas reações com propriedade.

Use também o seu bom senso. Você se sente à vontade com a atitude e o linguajar do conselheiro? Não tenha receio de perguntar em que tipo de local as sessões são feitas, se isso for importante para você. O consultor trabalha num escritório, atrás de uma mesa, ou em um espaço mais informal em que você pode tirar o sapato se quiser? Cada um desses ambientes pode significar uma vantagem para você, dependendo das próprias respostas e do seu gosto.

Se você tem uma orientação social ou sexual específica, pode querer saber como um conselheiro intuitivo reage a ela, antes de marcar uma consulta. Embora um conselheiro não precise, necessariamente, partilhar das mesmas opções que você para lhe prestar uma boa ajuda, certamente você não gostaria de encontrar um homofóbico, se é homossexual. Ou um consultor intuitivo que só aprecia os valores familiares tradicionais, se você tem uma decisão familiar não tradicional a ser pesada.

Quando telefonar, pergunte também se você pode gravar a sessão. Lembre-se de que o hemisfério direito do cérebro não tem capacidade de memorização e que esse é o hemisfério que será ativado durante a sessão. Além disso, numa sessão de interpretação desse tipo, o seu eu precisa realmente fluir, sem se distrair com a preocupação de que vai esquecer o que ouviu.

O valor da gravação é inestimável porque deixa você livre dessa preocupação. Alguns conselheiros fornecem uma fita etiquetada com o seu nome e a data da consulta, como parte do serviço que prestam, enquanto outros vão-lhe pedir que traga sua própria fita. Mas é bom pensar duas vezes antes de ir a um conselheiro que não permite gravações. Pode ser que haja algum entre eles que tenha uma razão válida para não aceitar o pedido, mas pode haver também os que pedem que seus clientes não gravem para evitar que façam comparações, vindo a descobrir depois que as interpretações são exageradamente semelhantes.

O preço da consulta é mais uma coisa que deve ser averiguada durante a conversa inicial. Consulte a seção de orientação, no final do capítulo, para ajudá-lo a determinar o que seria um preço de sessão justo.

NO PRINCÍPIO...

No dia da sua consulta, podem ser feitos alguns trabalhos preliminares muito importantes para garantir que ela seja o mais produtiva possível.

Em primeiro lugar, passe um certo tempo focalizando o que você realmente quer saber através da interpretação do conselheiro. Muitos clientes me perguntam se devem trazer para a consulta uma lista de perguntas. A minha opinião é sempre a mesma: focalize realmente as questões que você deseja que sejam respondidas, independentemente de se isso implica fazer uma lista física ou mental.

Entretanto, se desejar reunir perguntas específicas que gostaria que fossem respondidas, é bom tê-las ao alcance da mão. Elas vão servir como um ótimo foco para a consulta. Como recomenda uma das minhas passagens favoritas da sabedoria chinesa, "ter aonde ir ajuda a ter êxito". Isso certamente se aplica às consultas de aconselhamento intuitivo, em que as perguntas podem ser o ponto de partida para receber informações extremamente importantes.

Por outro lado, se você estiver excessivamente determinado sobre as perguntas que quer fazer, poderá limitar o potencial pleno da consulta. Se você vai a uma consulta querendo obter apenas determinadas respostas, você se fecha a informações que podem vir a ser muito úteis.

Qualquer pergunta é boa para iniciar a sessão, mas procure estar receptivo às perguntas que têm possibilidade de levar a outras. Às vezes, alguns clientes que me procuram preocupados com a questão de encontrar o par perfeito têm só um tipo de pergunta e resposta em mente. Eles nunca param para pensar que talvez precisem aprender um pouco mais sobre eles mesmos, antes de poder saber algo sobre seus futuros cônjuges. Se você conseguir acompanhar o fluxo da sessão, estando receptivo à nova linha de questionamento que pode surgir, poderá obter informações muito mais profundas e importantes do que suas perguntas iniciais fariam supor.

Portanto, mesmo que você faça essa primeira lista, prepare-se para fluir com a sessão e com as respostas que receber. Tudo pode acontecer durante uma sessão de interpretação desse tipo. Um setor de sua vida que está em segundo plano pode ser trazido para o primeiro plano. Ou as respostas às suas perguntas podem ser completamente diferentes do que você esperaria fossem, mas mais adequadas do que as que você imaginou inicialmente.

Também é muito importante que você faça uma focalização plena antes de ir à consulta. Você vai ajudar muito a obter o máximo da interpretação, ao entrar em harmonia com o fluxo da consulta que terá. Isso não quer dizer que um conselheiro intuitivo apenas lança as informações, deixando que você interprete tudo, como se tivesse que decifrar as próprias mensagens intuitivas. Mas o fluxo da sua consulta pode e deve ir a qualquer parte, e quanto mais focalizado e sintonizado com ela você estiver, mais condições terá de seguir os possíveis saltos intuitivos de uma área para outra. Quanto maior for sua percepção durante a consulta, mais você pode captar da percepção maior do seu conselheiro, e isso, me diz minha experiência, produz uma consulta muito mais aberta e informativa.

Alguns conselheiros, entre os quais me incluo, começam cada consulta com alguma focalização plena com o cliente. Descrevo a minha rotina a seguir, que você poderá usar em qualquer lugar sossegado antes da sua consulta.

• *Exercício 56: Aquecimento antes da sessão*

Como na focalização plena, inspire e expire profundamente três vezes, sentindo realmente que você relaxa enquanto expira. Para se concentrar e relaxar mais, também é bom fechar os olhos.

Agora continue respirando ritmicamente, enquanto visualiza uma luz branca e brilhante passando através de você e circulando em torno de você, iluminando-o literalmente.

Afirme para você mesmo, em voz alta, algo como: "Abro-me agora à orientação e ao conhecimento que mais preciso para a minha vida. Deixo que a informação que preciso flua para mim, com perfeita clareza, a partir da pessoa que estou vendo. Aceito só a informação mais elevada, amorosa e útil."

Continue fazendo a focalização plena por quanto tempo quiser, antes de ir à sua consulta.

Faça também um favor a si mesmo e não marque essa consulta num dia em que você sabe de antemão que estará muito ocupado. Às vezes, não é possível planejar estar calmo, mas faça o possível.

Da mesma forma, entenda que os conselheiros também ficam cansados e esgotados. Talvez você possa perguntar, antes de marcar a consulta, a que horas o seu provável conselheiro está mais relaxado e atento. Talvez você não tenha escolha mas, caso tenha, não preferiria receber orientação de uma fonte descansada? (Por essa razão, nem pense em chamar seu conselheiro às 5 da manhã com uma pergunta aflitiva.)

ABRIR E APROFUNDAR

Algumas interpretações são muito estruturadas; outras têm uma forma mais livre. Seu conselheiro pode ter preparado mapas e gráficos para você com base no seu nome ou na data de seu nascimento. Ele pode olhar suas mãos, consultar cartas ou segurar um objeto que lhe pertence durante a interpretação, como eu faço. Outros conselheiros não empregam instrumentos visíveis ou não precisam de nenhum tipo de informação para realizar o trabalho. A única coisa que é constante é a seguinte: quando você procurar um profissional intuitivo, encontrará alguém que é especialista em obter e interpretar informações não-lineares. Por isso, a resposta que você eventualmente obterá será traduzida a partir da linguagem da intuição. Pense no conselheiro intuitivo como uma pessoa comum iluminada, aberta à riqueza do hemisfério direito do cérebro, inspirada pelo processo de pergunta e resposta do hemisfério esquerdo do cérebro que você, o cliente, desencadeou.

Alguns conselheiros preferem primeiro dar as informações e depois receber as perguntas do cliente, ao passo que outros preferem interpretações mais espontâneas, em forma de conversa. Pergunte ao seu conselheiro o que ele prefere. Ou, como a maioria dos meus clientes faz, deixe que o seu conselheiro tome a iniciativa. Verifique sempre se perguntou tudo o que precisava para compreender de fato o que o conselheiro tem a lhe dizer. A interpretação é para você. Portanto, o mais importante é que você saia da consulta compreendendo o máximo possível.

Tente chegar a um equilíbrio entre prestar muita atenção e fazer perguntas pertinentes. Durante a consulta de aconselhamento intuitivo, a informação é filtrada por meio de uma percepção diferente, mas ainda é a sua informação e a sua interpretação.

Se o conselheiro intuitivo lhe fizer perguntas, não pense que ele está, de certa forma, trapaceando. Você não está fazendo revelações nem dando muito poder ao seu conselheiro se responder às perguntas, der informações durante a consulta e confirmar algo. Use a sua intuição para saber se o conselheiro está, na verdade, jogando uma isca, mas, de um modo geral, ele também precisa encontrar o mesmo equilíbrio entre perguntas e respostas que você. Se você confia que usou alguma intuição para escolher seu conselheiro, vai fluir melhor com a informação que está recebendo e contribuir mais para sua própria sessão.

O ideal é que o conjunto do processo de consulta intuitiva lhe dê as coordenadas para que você possa seguir seu caminho. Pense no seu conselheiro como um catalisador, um profissional cujo trabalho é ajudálo a se ajudar. O que realmente anima o coração de todos os intuitivos profissionais, em qualquer parte, é ouvir de seus clientes que algo que lhes foi dito permitiu-lhes passar a ver as coisas de outra forma, ou encontrar a própria força interior, necessária para fazer mudanças importantes. Falando em nome desses profissionais, posso dizer que esse tipo de agradecimento nos alegra mais do que ouvir que estávamos certos sobre um fato que iria acontecer. Um de meus clientes chegou até a me dizer: "Aprendi mais numa sessão com você do que em cinco anos de terapia." Esse provavelmente é o retorno mais gratificante que um intuitivo profissional pode ter.

QUE TIPO DE RESULTADO ESPERAR

Seja qual for o método, muito do aconselhamento intuitivo consiste em entrar em harmonia com os vários pensamentos, experiências e idéias que você já tem sobre uma questão, focalizando-os mais claramente. Pense num fotógrafo que capta com suas lentes a imagem mais significativa ou interessante e enquadra toda a tomada em torno dela, deixando todo o resto ligeiramente desfocado. Quando você vê essa foto pronta, o foco que ela tem ajuda a saber o que é mais importante e o que é mera informação de segundo plano.

O aconselhamento intuitivo pode ser visto da mesma forma. O que um conselheiro intuitivo faz, de uma maneira ou de outra, é descobrir o foco perfeito ou o tema mais importante de um determinado momento da sua vida. Partilhando o quadro do presente com você, o conselheiro pode então intuir as tendências futuras — como seria uma foto com a mesma cena caso fosse tirada daí a alguns meses. O conselheiro não é o fotógrafo, mas, sim, você. Você cria as cenas da sua vida, e o conselheiro intuitivo simplesmente tem mais prática em vê-las sob um foco mais iluminado.

Como o intuitivo profissional se sintoniza com o quadro do seu momento atual, você provavelmente reconhecerá muitos dos temas aventados. Por isso, você poderá dizer, à medida que o aconselhamento intuitivo tiver prosseguimento, que não saber de determinada notícia é uma boa notícia. Mas se tudo que o conselheiro intuitivo aborda é novo para você, esse é um sinal infalível de que você está, no mínimo, um pouco desligado da sua vida.

Sua sessão provavelmente incluirá muitas confirmações acerca da exatidão dos pensamentos, idéias e sentimentos que já passaram pelo menos uma vez pela sua mente. À medida que o seu conselheiro confirma o que você imaginou sozinho ou levando em conta certos vislumbres e sentimentos que teve, os pensamentos confusos que estiveram se debatendo no primeiro plano da mente se encaixarão no devido lugar do seu quadro bem focalizado, recém-confirmado. Você conseguirá se concentrar no que de fato é mais importante na sua vida nesse momento.

Vejamos um exemplo. Um de meus clientes, uma escritora, procurou-me para uma sessão a respeito do romance que estava escrevendo. Ela estava quase no fim, quando de repente deu-se uma virada no processo de escrita. Em vez de simplesmente terminar, subitamente se apresentavam a ela muitos finais diferentes e inesperados. Durante suas sessões de trabalho, tinham-lhe ocorrido muitos pontos de vista, métodos e abordagens para esse novo dilema, mas quando ela veio me procurar, pediu que simplesmente me sintonizasse para ver que informação eu receberia por mim mesma sobre o livro e o seu final.

À medida que fui desenvolvendo a interpretação, muitas coisas vieram à tona. Primeiro, percebi que ela deveria escrever todos os finais possíveis e escolher os melhores elementos de cada um deles. Quando eu lhe dei essa sugestão, ela sorriu. Explicou-me que essa estratégia lhe ocorrera mas ela tivera receio de que fosse só um estratagema para adiar a decisão, ou, o que é pior, que não levasse a nada. Então, recebi informações sobre o livro. Perguntei-lhe se havia alterado o nome da personagem principal. De novo ela sorriu. Disse-me que não, mas que estivera pensando nisso e que tinha mesmo chegado a comentar essa possibilidade com um amigo, pondo-a, depois, de lado. Mas agora que eu mencionara a mesma coisa, continuou ela, iria segui-la.

Por fim, eu tive uma forte impressão sobre a essência do livro que estava sendo feito. Quando disse isso, ela se surpreendeu. Disse que essa era uma parte do livro, mas uma parte inesperada e que estivera causando-lhe problemas. Em resumo, o fato de eu ter escolhido a parte mais forte e relevante do livro confirmou sua importância, permitindo que minha cliente se concentrasse nela, livre de todas as dúvidas e preocupações que a distraíam.

A confirmação é fácil de ser aplicada à sua vida, desde que, de modo geral, você já tenha considerado a solução antes de ela ser confirmada. Aumentando sua percepção de uma dada situação, seu conselheiro lhe dá a força interior para lidar com ela. Se você já está tentando estar atento à intuição, com certeza se verá dizendo coisas como: "Ah, eu estava me sentindo daquele jeito, mas será que aquilo estava acontecendo mesmo, ou será que era só a minha imaginação?"

Um conselheiro intuitivo também pode confirmar sentimentos mais genéricos que você esteja tendo, transformando-os em informação prática. Veja o caso de um cliente meu, que veio me ver quando estava se sentindo ambivalente e apático com relação à sua posição numa agência de relações públicas, mas que não sabia o que mais gostaria de fazer. Quando me sintonizei, minha intuição revelou que realmente aquele era o momento certo para o meu cliente sair do seu trabalho. Pude dizer-lhe que não via futuras oportunidades e desafios nesse trabalho.

Confirmei o que a intuição estava dizendo a ele e dei-lhe algumas informações práticas a mais. Também pude assegurar-lhe que não vislumbrava um final dramático, como ser demitido do emprego. À medida que ele confirmava trechos maiores do quadro, que iam-se encaixando nos lugares certos, eu conseguia focalizar os detalhes menores, mais específicos do assunto. Nesse caso, esses detalhes diziam respeito a oportunidades de trabalho. Dei-lhe o nome de uma empresa para que ele a procurasse e o primeiro nome de um homem que ele ainda não conhecia, mas que poderia vir a ser útil a ele nos três a seis meses seguintes.

Esses detalhes não foram tomados como conclusões antecipadas. O objetivo era preparar meu cliente para as oportunidades que se abririam a ele num futuro próximo. À medida que a interpretação avançava, confirmei com o cliente cada detalhe específico que via, a fim de verificar se pareciam fazer algum sentido para ele. Se não fizessem, eu tentava um outro rumo da mesma informação intuitiva, até chegar a algo que lhe fosse útil. Você deve ter tentado fazer isso sozinho no exercício de psicometria do capítulo 5 (exercício 40). Certamente outros conselheiros, utilizando métodos diferentes, podem oferecer informação prática para localizar e confirmar igualmente bem as necessidades e sentimentos de um cliente.

Lembre-se, junto com a confirmação, muito do que um conselheiro intuitivo esclarece são as tendências que estão surgindo na sua vida, de modo que você possa tirar proveito delas. Por trás dos detalhes mais específicos e práticos que um conselheiro intuitivo pode sugerir, está a certeza de que uma tendência pessoal está-se manifestando.

Se você é uma pessoa um pouco nervosa, e todos nós ficamos nervosos de vez em quando, uma consulta intuitiva pode realmente aliviar seus nervos com relação a tomar uma iniciativa em qualquer área da vida. Qualquer um se torna mais confiante quando suas inclinações têm o apoio de alguma evidência.

Naturalmente, a confirmação nem sempre é assim tão direta. Como reflete o próprio fluxo da vida, o aconselhamento é cheio de mudanças inesperadas, viradas e surpresas. Seu conselheiro pode intuir que o fluxo não está se dirigindo para onde você gostaria e irá ajudá-lo a contornar as circunstâncias da melhor forma, em seu benefício.

Ele também pode lhe dar uma estimativa aproximada de quanto tempo você terá que esperar até que certos projetos dêem frutos. Estamos acostumados a pensar a curto prazo, mas, se quisermos realmente avançar ao longo da espiral da consciência, também precisamos pensar a longo prazo. Adquirir introvisões intuitivas a longo prazo é como desenvolver uma maior perspectiva a partir da espiral da consciência — ela pode ajudar você a ver, aceitar e extrair o máximo do que está acontecendo nesse momento da sua vida. Lembre-se, sua vontade é livre. O seu conselheiro está-lhe dando apenas as direções, baseado na situação atual. Conhecer essas direções pode ajudá-lo a alterar o quadro projetado, e o novo quadro que surge pode muito bem ser aquele que acelerará seu desenvolvimento.

Ainda tratando de temas ligados a mudanças inesperadas, o seu conselheiro intuitivo pode sentir que o assunto que levou você à consulta está de fato relacionado com outro assunto da sua vida. Em outras palavras, o medo de sair do emprego pode estar relacionado com o medo de se afastar de seus pais. Ou a falta de confiança em um de seus filhos pode ter algo a ver com sua própria falta de confiança na criatividade ou no seu jeito para negócios.

Pode ser que surja algo muito antigo na sua sessão — por exemplo, um relacionamento familiar não resolvido e cheio de ressentimento — que você percebe que nunca será completamente resolvido numa estrutura de consulta intuitiva. Pode ser que tenha chegado seu momento de seguir o fluxo no sentido de trabalhar essa situação numa terapia, com um psicólogo treinado.

Não se surpreenda se um intuitivo cuidadoso fizer esse tipo de sugestão ou recomendar qualquer outro tipo de relaxamento ou terapia, desde banhos turcos até meditação ou massagem nos centros de energia. O fluxo não determina que métodos você deve usar para chegar aos resultados que quer. Há inúmeras soluções para qualquer problema, e chegar à raiz do mesmo intuitivamente, psicologicamente, fisicamente ou por qualquer outro meio, é só mais um modo de facilitar seu caminho rumo a mais sentido de decisão e abundância.

DE QUE MODO VOCÊ PODE AJUDAR O PROCESSO

Informações de todo tipo provavelmente farão parte do fluxo de intuição que você vai receber quando um intuitivo entrar em sintonia com suas perguntas. Qualquer informação pode constituir parte importante de uma interpretação, desde um aconselhamento sobre sua trajetória de vida e desafios pessoais até fatos da infância, nomes de pessoas queridas e datas aproximadas em que certos eventos ocorrerão.

A maneira pela qual você responde a essa informação influencia o tipo de interpretação que terá. A escolha é sua. Você pode tanto focalizar puramente fatos, quanto ir ao âmago de qualquer problema pessoal que tiver.

Os clientes geralmente se impressionam com a capacidade dos conselheiros de mencionar nomes e iniciais, ou de predizer acontecimentos comuns com excessiva facilidade. Uma precisão dessas só tem utilidade se lhe tornar apto a confiar nos lampejos intuitivos mais profundos, menos verificáveis, que seu conselheiro partilha com você.

Tente porém não ficar tão intensamente concentrado nesse tipo de informação superficial, atraente, que não faz parte do significado mais duradouro do conselho que lhe está sendo oferecido. Eu acredito que a informação pela informação não acrescenta muito nem a você, nem à sua percepção. O que dá resultado é a maneira como você usa essa informação, ou como o seu conselheiro lhe recomenda que o faça. Lembre-se sempre de perguntar: "O que posso aprender com isso?"

Não existe pergunta boba. Um conselheiro intuitivo profissional trabalha com a compaixão. Durante a interpretação que faz para você, está em harmonia apenas com você e com a sua percepção. Qualquer julgamento pessoal que seu conselheiro possa ter deve ser deixado do lado de fora do consultório.

É provável que você também se interesse por qualquer informação que seu conselheiro possa dar sobre a época em que ocorrerão certos fatos em sua vida. Embora você possa de vez em quando encontrar alguém que seja de fato um mago da previsão, geralmente a melhor das estimativas é uma estimativa aproximada. É razoável esperar que um conselheiro lhe previna acerca de fatos que prevê ocorrerão em seis meses. Não espere, entretanto, ser avisado sobre um acontecimento importante que se dará em três de março de 2010. Ou amanhã. Ou na próxima semana.

De fato, se você se concentrar só na ocasião e no lugar exatos em que um determinado fato deverá ocorrer, poderá não perceber uma parte muito mais importante da informação. Como o tempo é um contínuo, o passado e o futuro são o resultado do agora, e o que acontece agora vai influenciar os eventos futuros e passados. (Lembre-se também que as probabilidades podem mudar.) Esperar de braços cruzados o dia três de março de 2010 para que alguma coisa aconteça não vai levar a nada.

Não se espante se o seu conselheiro usar palavras ou frases que tenham um significado especial, exclusivo para você, que ele não poderia conhecer por ele mesmo. Por exemplo, se você estiver analisando um relacionamento, seu conselheiro pode mencionar uma frase que é típica do seu parceiro. Ao focalizarem juntos essa frase, seu conselheiro poderá se abrir no sentido de lançar mais luzes nos sentimentos ou padrões que se escondem por trás dela. Também pode acontecer que um intuitivo de repente comece a usar uma linguagem pouco característica, que por sua vez pode ser bastante reveladora da pessoa em questão. Numa recente sessão de aconselhamento, descrevi um dos pais do cliente como uma "lâmina homossexual". De fato, o homossexualismo era ao mesmo tempo um tema ligado a um dos pais de meu cliente, e um tema com o qual ele tentava lidar. A estranha expressão que me saiu da boca, aparentemente a partir do nada, na realidade abriu uma discussão em que meu cliente imediatamente se sentiu à vontade. Todo conselheiro intuitivo pode ter momentos mágicos parecidos — esse foi só um entre muitos. Então espere receber formas de confirmação que geralmente são tão inesperadas e reveladoras, como os resultados da sessão propriamente dita.

SEGUINDO O FLUXO DA SESSÃO

Se você sentir dúvidas ou vacilar numa sessão, tente expressá-las sem resistência. Está implícito, quando você procura um conselheiro intuitivo, que admite que ele pode intuir. Por essa razão, não tente desafiá-lo nem à sua capacidade intuitiva, assim como você não desafiaria um psicoterapeuta, quanto às qualificações que possui, durante a sessão de terapia.

Por exemplo, perguntar a um conselheiro intuitivo quantos filhos você tem, só para ver se ele sabe a resposta, não tem nenhuma utilidade para você. Você já sabe quantos filhos tem. Mas pedir que o seu conselheiro lhe dê informações mais específicas sobre um determinado problema que seu filho menor está tendo é perfeitamente válido e também bastante útil.

Se você acha que uma sessão não está sendo boa para você, tente continuar mesmo assim. Mais tarde, quando for ouvir a sua fita, você pode muito bem achar que aproveitou algo da sessão, algo que, naquele momento, não percebera. Isso acontece com praticamente todo mundo, em algum momento. Você pode até mesmo vir a achar que uma parte da interpretação que parecia não fazer sentido na realidade estava correta, e que na época em que fora feita você não estava suficientemente consciente para absorver e compreender a informação que continha.

Apesar de todos os cuidados na escolha, é possível que você tenha de abandonar uma sessão antes do fim. Se um conselheiro intuitivo lhe pedir mais dinheiro do que havia combinado por telefone, levante-se e saia. Chame o Better Business Bureau [equivalente ao nosso Procon) enquanto ainda estiver lá. Um intuitivo de boa reputação não vai-lhe pedir mais dinheiro. Além do mais, se um conselheiro intuitivo começar com uma conversa fiada a respeito de maus espíritos que estariam próximos a você, saia imediatamente.

COMO INTERPRETAR UMA INTERPRETAÇÃO

Quando o assunto conselheiros intuitivos vem à baila num grupo de pessoas, há às vezes alguém que diz: "Eu procurei fulano, mas ele não é um bom conselheiro intuitivo porque só me disse coisas boas." Uma variante desse tipo de afirmação é: "Sicrana é uma ótima conselheira. Ela fala das coisas como elas são. Ela me deixa à vontade, e isso só pode ser bom."

O modo como o conselheiro intuitivo faz a interpretação é um ponto importante. Eu acredito que a maioria das pessoas se concentra muito mais no lado negativo da vida do que no positivo. Em vez de recorrer a um conselheiro intuitivo para ter uma previsão e planejar uma experiência de desenvolvimento positiva, muitos vêem as sessões de aconselhamento como "relatórios do front", ou boletins que têm a finalidade de preveni-los sobre futuras batalhas, de modo que possam evitar as balas e se esconder no primeiro buraco que aparecer. Por uma ironia da vida, mantendo essa realidade negativa em mente, entram mais ainda em harmonia com ela, podendo acabar realizando-as em vez de evitá-las.

Para corrigir isso, conselheiros intuitivos sensíveis (inclusive eu) tentam ajudar as pessoas a redescobrir a ligação com uma fonte mais positiva de sabedoria interior e com o potencial de desenvolvimento. Isso não significa que sejamos Polianas. Significa simplesmente que um conselheiro dedicado sente a responsabilidade de dar uma informação de um modo que seja útil, o que em geral significa mostrar o bem que pode derivar de qualquer situação que é intuída.

Quando percebo uma situação potencialmente difícil para meu cliente, não a vejo, necessariamente, como absolutamente negativa. Ao contrário, eu a vejo e a expresso como uma oportunidade de desenvolvimento. Se uma pessoa já está passando por uma experiência dolorosa, ela certamente sabe disso. O meu trabalho é mostrar-lhe como usar a informação que está recebendo para lidar com a dor de um modo eficaz, evitando, se possível, futuros dissabores e, em qualquer caso, mostrando-lhe como deve prosseguir para melhorar a vida.

Os conselheiros intuitivos não devem nunca deixar que seu ego interfira no trabalho, principalmente se isso puder magoar o cliente. Por exemplo, uma amiga minha fez uma consulta com um conselheiro intuitivo aparentemente especializado em consultas financeiras. Esse conselheiro disse à minha amiga que ela nunca teria segurança financeira, pois, assim que estivesse com a situação equilibrada, algo sempre iria acontecer para acabar com suas economias. Minha amiga foi aconselhada a gastar tudo o que tivesse, no que tivesse vontade, pois pelo menos assim estaria usando as economias de forma construtiva. Se um conselheiro solidário captasse por acaso uma informação parecida com essa, não a teria apresentado de modo que o cliente ficasse sem outra alternativa, a não ser achar que sua vida era um desastre financeiro total.

A moral da história é tomar cuidado com qualquer conselho que não deixe espaço para uma oportunidade de desenvolvimento. O essencial é ter cuidado com qualquer pessoa que interprete sua realidade de forma totalmente negativa ou avaliadora, sem mostrar uma oportunidade de desenvolvimento ou do exercício da sua própria vontade.

Seja responsável. Se você sentir que há algo de errado com a maneira como o seu conselheiro lida com a situação, leve em conta esse sentimento. Você tem o direito de dizer: "Espere um pouco. Não aceito isso e não quero que falem assim comigo." Por outro lado, se o seu conselheiro o adula mais do que a raposa adula a galinha na fábula, releve e investigue mais profundamente a informação que está sendo oferecida. Por fim, se você perceber que seu conselheiro lhe indica algumas boas tendências futuras de um modo sensível e bem fundamentado, apontando ao mesmo tempo para uma área que eventualmente tem espaço para crescimento, simplesmente sente-se e desfrute da sessão.

A ARTE INTUITIVA DE MISTURAR E COMBINAR

Pode ser que ao longo do tempo você procure mais de um conselheiro intuitivo e descubra que as informações que lhe deram são conflitantes. Aí está mais uma razão para ouvir a própria intuição. Um desses conselheiros não está necessariamente errado, pois, como vimos, o quadro da vida pode mudar com o tempo, às vezes num período tão curto como uma semana ou um mês. Se um conselheiro lhe diz que você será uma pessoa envolvida com negócios, e outro o vê como um poeta, use seus recursos interiores para ver o conjunto do que ambos os conselheiros lhe ofereceram. Poderá descobrir que nenhuma das informações se aplica a você, ou que o todo da interpretação faz sentido, exceto esse trecho específico da informação.

Talvez, quem sabe, a informação se refira simbolicamente à sua poesia interior, ou ao fato de que você deve encarar de modo mais eficiente e prático sua carreira de poeta. Ou ainda, que talvez você fosse mais feliz como um homem de negócios, que tem na poesia uma atividade paralela, ou que tem uma carreira promissora na administração da arte. Use o seu bom senso e intuição para descobrir. Em última análise, é por causa dessas situações que sua percepção e sua condição de vida dependem de você.

Também é importante estar consciente do fenômeno que costumo chamar de *inclinação intuitiva*. Um conselheiro intuitivo solidário e de talento pode ter eventuais pontos cegos ou assuntos cegos, sobre os quais a informação não chega tão bem, ou tão objetivamente, como de costume. Por exemplo, eu digo aos poucos clientes que me pedem que não faço boas previsões com relação a resultados de eventos esportivos.

Objetivamente falando, conheço uma conselheira intuitiva que às vezes faz predições exageradamente negativas sobre carreiras. Uma explicação para isso é que sua própria carreira está cheia de inícios e interrupções periódicos. Por outro lado, ela é maravilhosa em outros tipos de aconselhamento e as pessoas que a consultam aprenderam a dar um desconto em qualquer predição demasiado pessimista que faça acerca de uma carreira.

O conhecimento que o seu conselheiro tem do mundo também pode influenciar as informações que talvez você precise reinterpretar. No mês passado um colega recomendou-me entusiasticamente uma conselheira intuitiva que atende por telefone e trabalha ao lado da cozinha, na sua casa na Califórnia.

— Essa mulher é maravilhosa — disse minha amiga — e faz interpretações estranhamente corretas. Mas não se esqueça que podem ser necessárias algumas correções, considerando o quadro de referência que ela usa. Veja só, ela me viu fazendo uma viagem para a Califórnia, mas na realidade estava vendo minha casa no Mediterrâneo. Acertou em tudo — o clima ameno, o estilo espanhol, o mar verde-azulado. Mas ela achou que era a Califórnia pelo simples fato de nunca ter visto o Mediterrâneo.

Da mesma forma, quanto mais próximo de áreas que não se relacionam com sua experiência direta (como vidas passadas ou informações obtidas em transes), mais difícil será provar a validade dessas informações. Só os seus sentimentos podem comprovar a veracidade da informação recebida. Para exemplificar, suponhamos que você andou fazendo uma terapia de vidas passadas por acreditar que, no seu caso, isso lhe traria benefícios psicológicos e espirituais.

Um especialista dessa área focaliza uma das vidas ou mais, que pareçam particularmente relevantes para você. Dependendo de quantas vezes você vai a esse especialista, ou se consulta outros especialistas, poderá achar que está recebendo informações contraditórias. Pergunte a você mesmo por que estaria recebendo essa informação nesse exato momento, e qual seria a essência dessa mensagem.

Como não existe, na realidade, nenhuma biblioteca onde você possa conferir se esses dados são válidos, verifique com o eu intuitivo se fazem sentido. Pergunte também como pode usá-los para compreender e melhorar sua vida. Por exemplo, se um conselheiro acredita que você foi músico numa outra vida, vida essa que foi curta, isso pode ajudá-lo a compreender por que você é músico atualmente. Ou se a carreira que escolheu parece inviável, mas você é informado de que teve uma carreira longa e feliz nessa área em outra vida, pode ser que precise repetir a experiência.

Mais uma palavrinha sobre o tema conselheiros múltiplos: é bom estar sensível às mudanças do seu próprio fluxo, que podem fazer com que você reaja a diferentes métodos e especialidades em diferentes momentos. Entretanto, se você estiver tendo um desapontamento atrás do outro com respeito a um conselheiro, considere a possibilidade de você talvez não saber o que está buscando. Aproveite a oportunidade para dedicar algum tempo a entrar em harmonia consigo mesmo e encontrar seu centro por você mesmo. Uma regra prática: três conselheiros intuitivos, o que já é um exagero, deveriam ser o limite em qualquer fase da vida, para se fazer consultas sobre qualquer assunto.

ALGUMAS ORIENTAÇÕES E RESPOSTAS ÀS PERGUNTAS MAIS COMUNS

Não existe nenhuma versão americana da Associação Médica Americana para reconhecimento oficial dos profissionais intuitivos — mais um motivo pelo qual é importante ter boas referências ou usar a intuição para buscar o melhor conselheiro intuitivo para você.

Algumas pessoas preferem ser acompanhadas por um amigo durante a sessão. Se esse é o seu caso, não esqueça de perguntar a opinião do conselheiro. Alguns não permitem. A menos que seja uma sessão específica para casais, muitos conselheiros intuitivos se sentem constrangidos quanto às informações que podem dar e se frustram com a presença de uma segunda pessoa. Além disso, você também pode ficar menos concentrado na presença de um amigo. Lembre-se, esse tempo é só seu.

Por favor, não pense que só porque o seu conselheiro dá orientação intuitiva ele também tem, necessariamente, uma agenda flexível. Se você chegar tarde, talvez não possa estender a sessão para compensar o atraso. E quando for marcar a consulta, pergunte quanto tempo a sessão vai durar.

Quanto aos honorários, o fundamental é permitir que a sua intuição e senso de orientação o guiem. As sessões de aconselhamento intuitivo nos principais centros urbanos, como quase tudo, tendem a ser mais caras. De modo geral, se você está pensando numa interpretação com preço reduzido, deve saber que se trata de uma consulta com algum tipo de limitação. Pode ser que você receba só de dez a quinze minutos válidos de informação, ou informação de qualidade inferior. Ou, quem sabe, o conselheiro em questão não seja totalmente extraordinário, mas poderá ser muito bom em certos temas.

Não pressuponha, entretanto, que, quanto mais você pagar, melhor será o conselheiro. Se uma consulta de cem dólares é duas vezes melhor que uma consulta de cinqüenta, depende totalmente da qualidade do conselheiro. Outros fatores que devem ser considerados ao se pensar em honorários são: em que parte da cidade trabalha o seu conselheiro (os preços dos aluguéis também afetam os conselheiros intuitivos); o quanto ele está "na moda" nesse momento (a lei da oferta e da procura também funciona nesse caso); e experiência (se eu tivesse que citar um fator decisivo, seria esse).

A única regra prática verdadeira nesse caso é ter certeza de que você está trabalhando intuitivamente da melhor maneira possível para você mesmo. Mas um corolário dessa regra é, quanto mais cara a sessão, ou mais esotérico o método, mais perguntas você deve fazer, tanto ao conselheiro quanto ao eu intuitivo, antes de se comprometer com uma sessão. Pergunte a você mesmo: "A sessão teria o mesmo valor sem todo esse aparato?"

CONCLUSÃO

Quando a sua sessão terminar, você vai querer experimentar uma sensação de completude e de continuidade. Existem algumas poucas maneiras, bem simples, de saber se você obteve aquilo que buscava e de manter os canais abertos para comunicações posteriores.

Freqüentemente me perguntam, como perguntam a muitos outros conselheiros intuitivos: "Quando devo voltar?" A resposta a essa pergunta só você mesmo pode dar. Pode ser que você nunca mais precise ver um profissional de novo. Pode ser que você queira voltar dentro de um ano ou, como eu faço (sim, os conselheiros intuitivos procuram outros intuitivos em busca de informações), voltar periodicamente para entrar em equilíbrio. Se você está passando por uma fase de muitas mudanças, você pode querer voltar até mesmo no mês seguinte. O que for sentido como certo é o certo.

Uma questão não respondida sobre algum assunto analisado na sessão pode voltar à sua mente uns dias depois da consulta. Se você se sente confuso, ou com a sensação de que algo está faltando, não tenha dúvida em falar com o conselheiro. Muitos deles, inclusive eu, fazem questão de deixar isso bem claro aos clientes no final da sessão. Naturalmente, procure respeitar o tempo de um conselheiro, mas, se você precisar de mais esclarecimentos sobre o que veio à tona, não hesite em telefonar.

A melhor maneira de tirar o máximo de uma sessão é apreendê-la como um todo, deixando permanecer o que de fato deve ficar, e liberando o que não parecer apropriado. Pode ser que você prefira escutar a fita mais uma vez para esclarecer algumas coisas. Ou que prefira escutar a fita de vez em quando para ver se algo de novo chama a sua atenção de um modo especial. Você descobrirá que prestar atenção à fita também ajuda a discernir padrões de informação que podem indicar padrões da sua vida.

Eis aqui uma técnica de focalização que vai ajudá-lo a extrair o máximo da sessão, depois que ela tiver terminado. Faça esse exercício antes de ouvir a fita.

• *Exercício 57: Encerramento da sessão*

Repita a respiração e a visualização de luz branca que você aprendeu no aquecimento antes da sessão (exercício 56).

Depois, diga em voz alta, ou pense, algo como: "Ouço agora minha mais profunda sabedoria e mais elevada orientação. Sei que vou aprender e usar o que estiver ao meu alcance para atingir o meu desenvolvimento máximo. Libero tudo o que não tiver utilidade."

Mantenha-se plenamente concentrado, pelo tempo que quiser, antes de entrar em sintonia com a fita.

Ouvir de vez em quando a fita com atenção também ajuda a desenvolver a percepção. Você vai observar como trabalha um profissional na realidade e poderá aprender facilmente algumas técnicas profissionais para aplicar no próprio processo de harmonização.

CAPÍTULO NOVE

CONCLUSÃO... O CAMINHO CONTINUA

Agora que você chegou tão longe no caminho intuitivo, percebeu sem dúvida que ter — ou usar — a intuição significa muito mais do que apenas captar alguns vislumbres ou introvisões "psíquicos".

Ao desenvolver a intuição — e, em troca, aprofundar a visão interior — o que você está de fato desenvolvendo é uma filosofia de vida extremamente prática. O pensamento intuitivo é um pensamento pleno, global, e deve ser usado em toda a vida. Isso significa que você pode utilizar de fato a intuição para explorar todas as avenidas do caminho da sua vida, obtendo finalmente um sentido muito mais amplo do seu contexto e objetivo. Com o sentido da intuição, você pode colocar toda a sua vida em perspectiva, sabendo onde está e para onde se dirige.

Lembre-se, no entanto, que a intuição não é uma varinha mágica com poder para fazer qualquer coisa. À medida que sua consciência se desenvolver, você vai perceber e aceitar profundamente o fato paradoxal de que embora, algumas vezes, o poder da intuição seja tão grande que possa parecer mágico, outras vezes pode parecer que ele simplesmente evaporou. Tenha sempre em mente que a intuição, da mesma forma que seu caminho pessoal, tem um fluxo único. Tente seguir esse fluxo até onde for possível quando sentir que ele está sintonizado com você. Lembre-se, sobretudo nos momentos de aparente falta de sintonia, que a intuição geralmente é tão sutil e tão natural, que você pode estar usando-a de modo alegre e desavisado, como parte essencial do seu pensamento cotidiano.

No entanto, em termos gerais você esteve aprendendo conscientemente a usar e aplicar o sentido da intuição. E vai ficar cada vez mais familiarizado com a maneira como a intuição trabalha para você em particular (e pela maneira como você pode fazê-la trabalhar) à medida que continuar a desenvolvê-la. Aqui está uma lista básica do tipo "sim e não", para iluminar seu processo e mantê-lo no rumo certo.

O QUE FAZER E O QUE NÃO FAZER COM A INTUIÇÃO

- Não imponha sua intuição em desenvolvimento aos outros — não seja um sabe-tudo e um exibicionista. (Naturalmente, isso vai-se tornando menos problemático à medida que você desenvolver a empatia.)

- Ajude as outras pessoas a desenvolver a própria intuição perguntando-lhes: "Como você se sente com relação a essa situação (ou pessoa, ou decisão)? O que lhe diz seu sexto sentido?" Dessa forma, você pode levar outras pessoas a experimentarem a própria intuição, sem impor a elas suas próprias crenças e capacidades.

- Divirta-se com a intuição, principalmente quando tiver companhia. Já vimos que o humor ativa imediatamente a consciência de qualquer pessoa. Divirta-se com os amigos, com a família e com os colegas de trabalho, experimentando algumas seqüências para desenvolver a intuição. Você dará a eles a possibilidade de descobrirem e usarem a própria intuição enquanto você desenvolve ainda mais os seus dons intuitivos, todos se divertindo juntos durante o processo.

- Não transforme a intuição em outro tipo de "dever", para que isso não pese em seus ombros vida afora. Por exemplo, não se critique por dever estar com a intuição mais afiada, ou por dever empregá-la mais vezes.
- Deixe que a intuição flua até você naturalmente, deixando-se levar por esse fluxo à medida que precisar. E trate de tirar da cabeça esse "tape interior" que tenta fazer com que você aja de outra forma!
- Não tente analisar por que sua intuição funciona algumas vezes e outras não, por que trabalha de diferentes modos ou até mesmo por que funciona.
- Compreenda que, pela sua própria natureza, a intuição está realmente além da análise. Desfrute dessa perspectiva inusitada e flua com a sua intuição. Você se surpreenderá com quanto será capaz de integrá-la na vida, simplesmente usando seu bom senso e deixando-a fluir completamente — sem fazer nenhuma análise.
- Não considere nada do que está escrito aqui como definitivo ou imutável. Este livro foi realmente pensado para ser um guia que mostra o quanto você de fato já sabe e com que facilidade pode entrar em sintonia e seguir o fluxo da própria vida — como for melhor para você.

Continuando no fluxo e cultivando a intuição, você desenvolverá naturalmente uma sensação de assombro quase ilimitada para com o seu potencial. Para experienciar plenamente tudo o que a vida tem realmente a nos oferecer, precisamos manter essa sensação de assombro, bem como analisar cada potencial do nosso caminho. Todos nós devemos fazer isso a nossa própria maneira, é claro. Mas, repare numa criança absorta, observando as nervuras de uma folha verde, e você terá uma idéia do tipo exato de assombro, de atitude de análise, que precisa ter.

Uma curiosidade semelhante à das crianças fornece a oportunidade de preenchimento, mesmo enfrentando alguns questionamentos tipicamente adultos. Nesses períodos, quando estiver inseguro com relação a tomar a decisão correta, use o sentimento instintivo de assombro para ter uma idéia das possibilidades — principalmente quando as respostas que você procura não estiverem muito claras.

Às vezes, não importa o quanto esteja fluindo com a vida e com a intuição, você se vê preso numa árdua batalha ou mesmo estagnado e preso a situações difíceis. Pense nessas situações como dores necessárias ao desenvolvimento, que, como o próprio nome diz, podem acompanhar muitas das nossas mais valiosas experiências de vida (e de desenvolvimento). A pérola precisa que um grão de areia a irrite para expressar a perfeição da sua forma. Você adquire a perfeição e desenvolve a própria coragem e determinação quando aprende a se desenvolver a partir de cada catalisador de vida em potencial. Usando a intuição para tentar compreender melhor e superar cada um desses estimulantes do desenvolvimento, você pode adquirir mais determinação e achar aquele contentamento que só é possível experimentar depois de lições difíceis como essas.

Tire vantagem do seu progresso ao longo da espiral de consciência e observe o estado de plenitude que existe além de qualquer dificuldade atual. Acima de tudo, a principal regra prática é a mesma que guiou o desenvolvimento de qualquer aspecto da sua intuição: confiar em você mesmo. Através da ligação permanente com a fonte intuitiva e com a sabedoria interior, toda a consciência está fluindo para você já, através de qualquer situação que encontrar. E cada uma representa uma chance preciosa de desenvolvimento, conhecimento e de experiência genuína de contentamento com o fluxo da vida.

Você embarcou numa viagem maravilhosa. Vai encontrar inúmeros desenvolvimentos interessantes à medida que continuar a seguir seu caminho intuitivo rumo à sabedoria cada vez maior. Eu vou gostar de saber tudo sobre essa jornada — seja partilhando suas descobertas intuitivas, suas perguntas ou, com certeza, suas respostas a este livro. Escreva-me!

Com amor e muita intuição, sua

Patricia Einstein

APÊNDICE

MAIS DICAS E TÉCNICAS INTUITIVAS

PARA ENCONTRAR OBJETOS PERDIDOS

Em primeiro lugar, respire algumas vezes profundamente, para relaxar e entrar no estado receptivo que vai ajudá-lo a receber a informação de que precisa. Decididamente, a ansiedade interrompe o fluxo. Quando estiver pronto, concentre-se na tela branca interior.

Então, amplie lentamente o foco mental, trazendo a consciência mais para perto, como uma câmera, para incluir nesse quadro mental a área à volta do objeto.

Observe se há algum indício que revele onde você está. Por exemplo, se a tela mostrar o lado de dentro de uma gaveta, que outros objetos do quadro poderiam dizer-lhe em que gaveta o objeto perdido se encontra? Você pode tentar perguntar ao eu intuitivo: "Onde estou?"

Se precisar de mais sinais, tente aproximar um pouco mais a imagem até que a área em torno dela fique visível. Ou tente voltar atrás no tempo, mentalmente, a partir do objeto perdido, enquanto ele se instala na tela branca. Imagine voltar para onde o objeto se encontrava imediatamente antes de ser perdido. Olhe bem em volta. O que vê? O que a cena lhe revela sobre o local onde o objeto perdido se encontra agora? Se você tiver perdido um relógio de pulso, que horas está marcando quando consegue vê-lo?

Se as suas primeiras tentativas não o ajudarem a localizar o objeto, tente outra vez um pouco depois, quando, quem sabe, não precisará fazer tanto esforço. Achar objetos perdidos é bem parecido como tentar lembrar o nome de alguém — é o tipo de coisa que não lhe vem à mente na hora, mas que, geralmente, surge inesperadamente um pouco depois. Portanto, fique atento às rápidas imagens mentais que lhe virão à mente mais tarde, no decorrer do dia, principalmente quando estiver indo para a cama ou logo depois de acordar.

Meu marido usou essa técnica com ótimos resultados. Ele havia perdido um relógio de pulso e estava muito aborrecido, mas em seguida começou a visualizar o relógio na tela branca mental. Procurou prestar atenção a algum indício do que haveria em torno do relógio e começou a sentir que o relógio estava num lugar escuro, com alguns objetos por perto. Alguns minutos depois, percebeu que esses objetos à volta do relógio eram clipes e que o lugar escuro era uma parte escondida de uma estante. Dirigiu-se então à prateleira e, de fato, lá estava o relógio, escondido debaixo de alguns papéis e bem ao lado de um monte de clipes!

VARIAÇÃO DO TRUQUE DA CARTA

Veja como você progrediu na capacidade intuitiva, acrescentando técnicas de visualização e respiração a esse exercício de sincronicidade.

Comece preparando suas cartas da mesma forma que fez no exercício 11. Então, feche os olhos e visualize a tela branca. Quando estiver pronto, visualize a carta que está na sua frente, levantando-a lentamente da mesa e puxando-a rapidamente para o lado, de modo que ela se erga rapidamente de frente. Que impressão você teve da carta? Ela é alta ou baixa, vermelha ou preta? É brilhante ou escura? É densa ou não? Vale muito ou pouco? Se você sentir que está tendo um "branco", tente "durante a" resposta a cada inspiração, ao mesmo tempo que faz perguntas a si mesmo. Se continuar sem qualquer sensação, sentimento ou impressão visual, pronuncie a primeira coisa que lhe vier à cabeça, sem pensar — a cor ou o valor relativo da carta (em voz alta ou baixa).

Antes de virar a carta, sinta qual é a próxima impressão que ela lhe dá. Se a sua impressão foi a cor, tente se sintonizar no valor relativo. ("Sinto que é vermelha... e também que é baixa".)

Você está mais preparado do que antes? Tente predizer agora o naipe ou o valor da carta. Apesar das probabilidades serem muito mais difíceis, algumas pessoas se saem relativamente bem fazendo previsões precisas de coisas bem determinadas (em contraste com o puro acaso), do que nas predições mais gerais. E, como sempre, nada como a prática!

INTERPRETAÇÃO DO BARÔMETRO "PSÍQUICO"

Você já aprendeu a se sintonizar com o eu intuitivo para receber orientação e informação permanentes. Entretanto, para obter respostas rápidas a perguntas do tipo sim ou não, nada se compara a uma das seguintes técnicas.

O PÊNDULO

Essa técnica é a adaptação de um método antigo e comprovadamente bom. Use um pendente, se tiver um, ou crie o seu com um pedaço de barbante medindo de meio a um metro, preso numa das pontas a uma bolinha de papel alumínio, de modo que haja peso suficiente para permitir que o cordão balance quando preso por uma das pontas.

Segurando o seu cordão com a bolinha na ponta ou o seu pendente, de modo que possa balançar livremente, pense na pergunta que quer fazer. Dirija-se agora ao pêndulo como se se dirigisse ao eu intuitivo (pense no pêndulo como alguém que fizesse o papel de um intermediário intuitivo).

A primeira pergunta a fazer ao pêndulo é que tipo de movimento vai indicar uma resposta afirmativa. Comece agora a respirar profunda e ritmicamente e espere que o pêndulo comece a se mover por ele mesmo. Ele vai se mexer! Observe se se mexe em círculos, ou para a frente e para trás. Em seguida, use o mesmo procedimento para perguntar que tipo de movimento indicará um não.

Faça agora a pergunta, tendo certeza de que pode ser respondida com um sim ou um não (ver "Como Encontrar a Resposta nas Perguntas", capítulo 5, página 103), deixando que o pêndulo se mexa livremente, por si só.

Nota: se o pêndulo se mexe de um modo muito enérgico (por exemplo, formando inesperados círculos amplos, com muita segurança, ou se movendo com mais decisão do que o esperado para a direita e para a esquerda), interprete esses movimentos como uma exclamação psíquica no fim da resposta que lhe foi dada. Algumas exclamações podem até dar a impressão de que o pêndulo está lhe enviando uma mensagem bem sonora como: "Ah! é, é, é!" ou "Ah! não, não, não!" Outras vezes, pode parecer que o pêndulo não está se mexendo nem um pouco, ou que está se mexendo com sutileza demais para dar uma resposta precisa. Nesses casos, tente outra vez mais tarde ou realize a técnica seguinte.

A TELA DIVIDIDA

Visualize a tela branca interior e divida-a ao meio. Ela também vai fazer o papel de um intermediário intuitivo, por isso, pergunte-lhe qual lado da tela indicará a resposta positiva e qual a negativa. Sua intuição pode gravar essas respostas positivas ou negativas na tela de diferentes modos. Pode enviar uma luz de brilho muito intenso para o lado correspondente. Ou o lado em questão pode se movimentar na sua direção, ou lhe fazer alguma indicação de uma forma particular. Pode inclusive não ser um sinal visual: você poderá ouvir ou sentir uma resposta através da tela, ou simplesmente ter a sensação de qual dos lados da tela é o certo. O método que funcionar melhor é o indicado para você.

Mais uma vez, como no exercício do pêndulo, faça uma pergunta a você mesmo que possa ser respondida com um sim ou um não, e observe que lado da tela branca responde. Também nesse caso, quanto mais intensa a resposta é, mais ênfase indica.

Você pode usar a técnica da tela dividida rapidamente, em quase todas as situações do dia-a-dia. Use-a para checar decisões de trabalho, idéias criativas, avaliações intuitivas, e assim por diante, principalmente quando tiver de tomar uma decisão rápida. Quando puder se dar o luxo de ter mais tempo, acrescente essa técnica ao processo de revisão e de tomada de decisão para reforçar o lado intuitivo do seu entendimento das coisas.

Para ver rapidamente como você de fato se sente, independentemente do que estiver considerando, tente entrar num estado de verdadeira sintonia visceral.

SINTONIZAÇÃO VISCERAL

Faça, novamente, uma pergunta a você mesmo cuja resposta seja sim ou não. Respire profundamente, feche os olhos e continue respirando de maneira profunda e ritmada — dirigindo a respiração e a consciência para o plexo solar. Continue respirando ao mesmo tempo que se concentra silenciosamente na pergunta, prestando bastante atenção a qualquer sentimento que venha à tona.

Você tem uma sensação de calor? Sente um formigamento em algum lugar? Sente-se tenso ou relaxado? Sente-se em equilíbrio ou não?

Qualquer dessas experiências pode dar a sensação de acerto ou de erro a respeito da decisão que você se impôs. Se não tiver certeza se a resposta é sim ou não, peça em silêncio ao eu intuitivo que confirme, pedindo permissão para sentir intensamente tanto as respostas positivas quanto as negativas.

DESENVOLVIMENTO DA INTUIÇÃO COM OUTRAS PESSOAS: SUGESTÕES DE EXERCÍCIOS PARA COMPARTILHAR

Uma das maravilhosas recompensas de desenvolver a intuição é poder compartilhar com os amigos, parceiros e mesmo com colegas de trabalho, o prazer e os benefícios que ela proporciona. Você pode ensinar rapidamente a outras pessoas qualquer mecânica que dois de vocês, ou o grupo, devem aprender coletivamente. Você verá resultados mútuos em pouco tempo e, além disso, cada um ficará conhecendo o outro e a si mesmo muito melhor, em conseqüência de terem desenvolvido a intuição juntos.

A seguir, estão os exercícios que eu considero os melhores para serem compartilhados, muitos deles selecionados e adaptados a partir deste livro, assim como alguns novos, particularmente bons para situações específicas. As sugestões estão divididas em duas categorias: categoria grupos (que podem incluir amigos, colegas de escritório, membros de um time, membros de um grupo de música, ou o que quiser) e categoria parceiros íntimos.

As sugestões que se seguem são apenas isso, sugestões. Já que cada grupo, assim como cada indivíduo, é único, use o bom senso e a intuição para escolher as técnicas mais apropriadas às pessoas que conhece e a ordem mais conveniente para praticá-las. Você poderá descobrir que há um grupo de pessoas que quer se reunir regularmente para "exercitar" a intuição. Lembre-se que você também pode recorrer a qualquer exercício que pareça adequado para estimular idéias e fazer a energia fluir novamente, sempre que o grupo, ou time, estiver num impasse.

Durante a atividade, independentemente de com quem você estiver trabalhando, não esqueça também de se divertir!

GRUPOS

ENCONTRAR COLHERES (EXERCÍCIO 13). Este exercício envolve as pessoas no prazer da descoberta de seus dons ocultos e do desenvolvimento de mais confiança no seu processo de intuição, o que serve para fazer com que elas tentem, de maneira receptiva, outros exercícios. Mesmo pessoas com menos imaginação (ou principalmente essas) parecem gostar de fato desse exercício. Como já foi mencionado antes, no escritório você também pode tentar entortar abridores de cartas ou tiradores de grampos.

JOGOS DE SINCRONIZAÇÃO (EXERCÍCIOS 10 E 11). Adapte esses exercícios às suas necessidades. Sugestões: tente fazer a sincronização com portas de elevadores, com as cores que amigos, colegas ou clientes estarão usando num dado dia, com a hora em que as pessoas chegarão ao escritório ou a uma festa, com a mudança de cores dos semáforos. Acompanhe o grupo, trocando experiências e idéias.

Designe um emissor, que escolherá uma carta, e depois projeta-a — olhando fixamente para a carta, "inspirando-a" e "expirando-a", a cada respiração — enquanto você (ou seus parceiros) tentam inspirá-la através da tela branca. Você pode tentar o exercício das cartas com um parceiro ou parceiros, para tentar melhorar sua percentagem de acertos.

Não se esqueça de sugerir aos outros, tanto aqui como em outros exercícios, que se familiarizem com seus próprios sinais de sincronização. Anote também de que forma seus colegas e amigos começaram a entrar em sincronia uns com os outros, passando a vestir as mesmas cores ou dizendo certas coisas ao mesmo tempo.

RELAXAMENTO/LIBERAÇÃO. Os exercícios que o ajudaram a começar a relaxar e se abrir para a intuição ajudarão um grupo a fazer a mesma coisa. Tentem praticar em grupo: "Carga Respiratória" (exercício 22), "Movimento Pendular do Pescoço" (exercício 23) ou "Endireitar a Coluna" (exercício 24).

A PRÁTICA DE FORMAR IMAGENS. Quase todo mundo é sensível aos exercícios de formação de imagens e eles são ótimos para grupos. Tente fazer um dos exercícios de formar imagens com o olho da mente (31-33). Mostre aos membros do grupo como falar sobre o que estão recebendo com os "Quadros Falados" (exercício 34), e como desenvolver uma visão de raio X com o exercício 35. Talvez você ache conveniente fazer cópias da lista de Checagem Visual/de Sentimentos (página 95) e distribuí-la para o grupo, de modo que todos tenham um guia para referência à mão.

CONTANDO HISTÓRIAS (EXERCÍCIO 37) é um exercício divertido para se fazer num grupo sempre que houver alguém por perto com quem se sintonizar, por exemplo, um novo colega ou patrão, um novo cliente, pessoas numa fila ou num restaurante etc. Tente passar de uma pessoa para outra do grupo em círculo aproveitando as histórias de todos os participantes. Isso vai enriquecer ainda mais sua narrativa, acrescentando-lhe mais elementos, já que os detalhes e as idéias de todos estarão sintonizados na história que está sendo desenvolvida pelo grupo.

COMO ENCONTRAR A RESPOSTA NAS PERGUNTAS (EXERCÍCIOS 38 E 39). Se você sentir que seu grupo está preparado para um exercício "mais avançado" de sintonização, este é um bom exercício para ser testado.

PSICOMETRIA (EXERCÍCIO 40). Esse exercício geralmente é muito apreciado pelos grupos. Tente passar uma bandeja entre as pessoas, com diferentes jóias ou bijuterias dos convidados. Os resultados serão surpreendentemente bons. Em outras situações de grupo, comece praticando com jóias ou objetos de cada pessoa. Depois, tente formar um grupo que se sintonize em objetos metálicos do patrão, do colega, ou do cliente (se não conseguir nada metálico, use papéis, fotografias ou qualquer outra coisa que pertença a eles).

OUTRAS SUGESTÕES PARA GRUPOS

Demonstre a técnica da tela dividida (da dica de "Interpretação do Barômetro Psíquico", descrita anteriormente), e leve o grupo a entrar em sintonia com perguntas de interesse mútuo. Por exemplo, no escritório, pergunte como certos projetos irão se desenvolver e, com amigos, pergunte como certas coisas relacionadas com um amigo serão resolvidas.

Se você quiser desenvolver a criatividade do grupo, tente realizar "Derivações" (exercício 44), "Provérbios Modificados" (exercício 45) ou "Semelhanças" (exercício 46).

Você também pode se divertir mostrando como "dar a partida" no hemisfério direito do cérebro com a técnica da narina alternada em "Carga Respiratória" (exercício 22). Apesar de parecer ingênuo, as pessoas gostam desse exercício. Recarregam suas energias periodicamente com ele!

Para variar um pouco, tente uma experiência de grupo com a "Resolução de Problemas Durante o Sonho" (exercício 48). Escolha um único problema criativo e dispense todas as pessoas para "consultarem seus travesseiros" literalmente. No encontro seguinte do grupo (de preferência no dia seguinte), forme uma imagem a partir dos sonhos lembrados e você obterá um quadro com algumas semelhanças e indicações interessantes. Use a Lista de Checagem Visual/de Sentimentos (página 95) para interpretar.

Localizar a Essência/Encontrar o Sentimento (ver página 124) serve para estimular o moral e o espírito do grupo. Certifique-se de tentar ambas as partes do exercício. Acredite ou não, o grupo metropolitano de um dos principais serviços informativos da nação se divertia muito se jogando uns aos outros feito massa!

Especialmente propício às situações envolvendo negócio é o "Forma Livre para Todos"(exercício 51). Experimente fazê-lo em companhia de um colega para os planos de *marketing* do *brainstorm*, para novas idéias e soluções e assim por diante.

No escritório de novo, é mais útil tentar "A Ligação com a Empatia" (exercício 54) para aumentar a capacidade criativa de resolver problemas que é inata ao seu grupo, nos momentos em que o poço parece secar.

PARCEIROS ÍNTIMOS

Para um desenvolvimento intuitivo mais íntimo, certamente você pode adaptar qualquer dos exercícios sugeridos acima para grupos.

Os jogos de sincronização são particularmente indicados para serem experimentados. Como você provavelmente já está pelo menos um pouco em sincronia com seu parceiro íntimo, comece pelos jogos de sincronização, mas continue com os exercícios. Também estabeleça a sincronia com chamadas telefônicas, palavras e até pensamentos.

Tente fazer a "Psicometria" (exercício 40) e "Como Encontrar a Resposta nas Perguntas" (exercícios 38-39).

Você vai descobrir que responder às perguntas dos outros pode ser mais fácil que responder às suas. Também ficará agradavelmente surpreso ao descobrir que quando você entra em sintonia com um parceiro íntimo, é recompensado com informações sob a forma de lampejos intuitivos a seu próprio respeito.

Tente usar também a técnica da tela branca para se sintonizar com o presente do seu parceiro e em seguida com o futuro. Quando tiver conseguido um quadro bem claro, junte-se à cena. Onde você se encaixa? Há alguma informação para você, bem como para seu parceiro?

Para estimular o fluxo de amor recíproco entre vocês, aqui está um novo exercício para ser partilhado.

SALTOS DE AMOR. Ponha sua mão esquerda no coração do seu parceiro. Diga para ele fazer o mesmo. Dêem-se as mãos direitas e respirem de modo profundo e ritmado olhando-se profundamente, olhos nos olhos.

Mantenham uma focalização plena nessa posição, o máximo que puderem. Sintam o fluxo de energia entre vocês dois. Essa corrente, palpável, pode ser considerada o verdadeiro "fluxo de amor". Entrar em contato com ele dessa forma, juntos, não só os ligará à energia potente do fluxo de amor, mas também abrirá o caminho para que um amor ainda maior flua entre vocês — além de ajudar a estabelecer uma ligação intuitiva mais forte.

Essa técnica é indicada principalmente para ser praticada depois de se ter tido algum problema. Ela ajuda ambos a voltarem ao "caminho do amor". E, além disso, tem outra função maravilhosa: no lugar e na hora certos, funciona como prelúdio incomparável para uma noite de profundo amor.

BINGO — CHECAGEM INTUITIVA DA SUA "LIGAÇÃO AMOROSA"

Quando começarem a surgir perspectivas de amor na sua vida, você vai querer usar a intuição para ajudá-lo a saber se elas são, de fato, boas para você. Quando se sintonizar num possível novo amor ou relacionamento para fazer esse exercício de "bingo" da adequação, comece desde o início a prestar atenção aos seguintes sinais:

SENTIMENTOS. Lembre-se principalmente de "sentir" a pessoa em questão. Pode parecer óbvio, mas algumas pessoas parecem tão boas, tanto no papel como pessoalmente, que você pode ignorar alguns sentimentos intuitivos negativos básicos que sente por ela. Isso, é claro, funciona nos dois sentidos. Siga qualquer sentimento negativo que você tiver. Como nas grandes comédias românticas, tensões iniciais podem levar ao verdadeiro romance. Portanto, mantenha-se sintonizado e observe que outros sentimentos e imagens vão surgir, até que você sinta a possibilidade de uma resolução.

IMAGENS. Tente colocar seu novo interesse amoroso na tela branca, como aprendeu a fazer para verificar as escolhas criativas/de negócios. A imagem está nítida, fraca, ou aparece e desaparece na tela? Está bem detalhada ou incompleta? Aparece algum símbolo pessoal ou imagem que tenha um significado especial para você? Se você estiver se sintonizando com possíveis interesses diferentes, qual deles parece ter mais vida ou mais futuro? Coloque-se no quadro com a pessoa em questão e tente usar as mesmas técnicas. Essa dupla imagem se comporta como acima ou de outro modo? Tente ver um pouco mais adiante. O que vocês dois estão fazendo juntos? E qual é o sentimento geral que permeia a imagem ou cena?

SINCRONICIDADE. Verifique o fluxo do relacionamento do mesmo modo que verifica a correção de idéias, trabalhos ou projetos. As coisas estão no lugar, estão fluindo? Você acabou de correr para ele numa rua movimentada da cidade, onde geralmente nunca vai? Há algum padrão pessoal, ou que chame a atenção, ligando essa pessoa ao fluxo de todos os seus relacionamentos amorosos, ou você intui uma evolução para esse relacionamento com base nos anteriores? Há uma sensação de harmonia ou de afinidade entre vocês? Vocês estão sempre dizendo as mesmas coisas ao mesmo tempo, ou parecem perceber imediatamente o que o outro está dizendo ou sentindo?

Lembre-se, não faça análises enquanto estiver nesse processo de checagem, porque uma grande parte do que você está descobrindo não tem lógica. Afinal, o amor, como a intuição, não é um fenômeno racional. Mas se você perceber, seguindo a lista, que muitas experiências realmente coincidem, bingo!

ROTINA DE MUDANÇA DE VIDA

Este livro traz inúmeras sugestões para o desenvolvimento intuitivo de muitas áreas da vida. Mas talvez você sinta que precisa de mais um estímulo de desenvolvimento, quando estiver passando por uma transição importante. Isso pode incluir aqueles momentos de profundas mudanças no trabalho ou na carreira, nos relacionamentos, na criatividade, no desenvolvimento espiritual ou educacional, ou sempre que estiver se questionando profundamente.

Nessas fases, seria bom se você pudesse meditar (usando as técnicas de focalização total deste livro, ou talvez uma fita para meditação) de cinco a trinta minutos por dia (quanto mais, melhor) para ajudar a superar qualquer bloqueio que você possa estar sentindo.

Certamente, essa é uma forma de aliviar a mente e se você puder praticar qualquer atividade física, para dar uma parada, isso também será útil. Entre nas aulas de yoga como você há tanto queria, aumente seu programa de ginástica aeróbica ou experimente praticar a disciplina do corpo, mente e espírito das artes marciais. Seu corpo — e sua vida — vão-lhe agradecer.

Para acabar com padrões há muito fixados, nada melhor do que sair, por uma hora, um dia ou uma semana... o tempo que você puder dispor. Deixe conscientemente que o seu eu absorva novas paisagens, sons e experiências. A inspiração que você precisa pode chegar quando estiver fora, ou quando voltar mais receptivo e revigorado.

O equilíbrio energético (exercício 17) também pode ser um instrumento particularmente importante para se usar nesses momentos. Pode de fato lhe ajudar a se equilibrar mais — tanto com você mesmo como com as mudanças ao seu redor. Continue sintonizado com a tela branca para ter um quadro mais claro do que está adiante e para se orientar na sua atual circunstância de vida.

Preste especial atenção aos sentimentos e imagens que tem nesse momento da vida — seja através da tela branca ou de outro exercício de sintonização, ou em qualquer momento do seu dia-a-dia. Anote também fatos especialmente sincronizados que ocorrerem, ou coincidências interessantes. Eles podem ser a chave para um novo direcionamento de vida, ou a confirmação de uma decisão já tomada, ou que está sendo tomada.

Continue a registrar essas experiências no diário de intuição sem deixar de incluir qualquer outra informação interessante que você possa estar recebendo, principalmente através dos sonhos. Não tenha a preocupação de que tudo faça sentido. Suas respostas e os rumos a serem tomados ficarão cada vez mais claros, à medida que continuar a abrir seu próprio caminho para a sabedoria interior.

Você também pode tentar se sintonizar com seu caminho de vida propriamente dito, quando estiver passando por uma mudança importante na vida ou sempre que quiser ter mais clareza e orientação sobre o rumo a seguir.

EM SINTONIA COM O CAMINHO DA SUA VIDA

Focalize qualquer tópico relacionado com sua vida. Feche os olhos, respire profundamente e envie a respiração e a percepção para a tela branca. Continue respirando enquanto visualiza uma estrada ou um caminho que conduz para além do horizonte — o caminho da sua vida. Agora veja-se nesse caminho, viajando por ele, e comece a se sintonizar mais detalhadamente com o local para onde esse caminho pode lhe conduzir.

Onde você está agora? O que está vendo ou sentindo? As coisas adquirem um brilho maior à medida que você trilha o caminho? Ou ficam mais obscuras? Há algum obstáculo? A estrada está em más ou em boas condições? É reta ou cheia de curvas? Você avança devagar pelo caminho, ou com rapidez e facilidade? Está chegando a algum lugar, ou se acha num beco sem saída?

O que mais você sente ou vê? Não faça análises. Deixe que imagens, sentimentos, símbolos, palavras ou qualquer outra coisa aflorem nessa jornada interior. Se alguma coisa estiver incompleta, peça em silêncio ao eu intuitivo que lhe esclareça um pouco mais.

Você pode empregar esse exercício para visualizar as possibilidades ao longo do seu caminho de vida. Quanto mais você praticar, mais claros vão ficar seus possíveis lampejos intuitivos.

COMO COMEÇAR O DIÁRIO DA SUA INTUIÇÃO

Eu aconselho enfaticamente que você comece o seu diário intuitivo e que o tenha sempre à mão quando estiver realizando alguma técnica ou exercício. Um bom lugar para guardá-lo, quando não estiver sendo usado, é na mesa de cabeceira, de modo que você possa anotar os sonhos e lampejos de intuição de manhã, antes que eles voltem para a fonte intuitiva.

Você pode usar qualquer dos itens seguintes no diário:

- caderno de desenho
- um diário (com ou sem cadeado)
- um fichário
- um caderno de contabilidade com colunas duplas

- um caderno de notas
- um caderno de espiral de qualquer tamanho (os pequenos com a espiral em cima são bons para serem levados a qualquer lugar)
- fichas presas com elástico
- caixa de sapato contendo tiras de papel
- seu PC (*Personal Computer*) com o processador de texto que você preferir
- qualquer combinação dos itens acima, ou qualquer coisa que funcione para você!

Se você é do tipo que gosta de ditar para um gravador, não é má idéia ter à mão um diário escrito, porque uma das principais utilidades de um diário intuitivo é folheá-lo rapidamente para perceber padrões de símbolos e imagens quando se começa a exercitar a própria linguagem intuitiva. Para muitas pessoas, é mais fácil e rápido rever páginas escritas do que ouvir fitas gravadas. Não deixe de gravar suas observações, mas você deve procurar se habituar a anotar imagens ou idéias-chave num pequeno caderno — ou mesmo na margem da sua agenda — enquanto grava. Usar os dois métodos ao mesmo tempo pode fazer você se lembrar de mais lampejos intuitivos.

O QUE E QUANDO ESCREVER NO SEU DIÁRIO

Não importa a freqüência com que você escreve no diário, contanto que lhe pareça adequada. Uma vez por dia, uma vez por semana, ou uma vez por mês pode ser um ritmo perfeito para você reunir seus lampejos intuitivos e provocar outros. Ou pode ser que você escreva freneticamente todos os dias, durante algumas semanas e depois passe outras tantas semanas sem pensar em escrever. O hábito de escrever no diário tem um ritmo próprio, assim como o desenvolvimento da sua intuição. Às vezes, os dois se cruzam, às vezes não.

Mas é uma boa idéia colocar data nas suas anotações. Quando você voltar a vê-las depois, as datas lhe darão informações importantes sobre como as idéias intuitivas se desenvolveram com relação a outros acontecimentos da sua vida — e essas informações por sua vez lhe darão mais idéias intuitivas sobre como selecionar a informação que a intuição lhe dá.

Use o diário para anotar informações sobre todas as experiências intuitivas em andamento. As descobertas que você faz com a focalização plena, exercícios intuitivos realizados sozinho ou em grupo, a sincronicidade, os sonhos, a sorte e até sessões com um consultor intuitivo — todas essas coisas são fontes muito ricas de experiências intuitivas, que merecem ser registradas.

Comece gravando todas as experiências quando sentir necessidade. Com o tempo, você poderá se interessar mais em anotar os sonhos ou as experiências com psicometria, encontrar as respostas nas perguntas, ou outras experiências intuitivas que teve ajudando outras pessoas. Ou pode considerar que tem muito a dizer sobre como a intuição lhe socorre no cotidiano. E isso também é excelente: escrever no diário intuitivo é estar em sintonia fina com seus talentos e necessidades intuitivos únicos.

Também é uma boa idéia rever as anotações de vez em quando, para certificar-se do que elas lhe dizem e escrever as observações sobre padrões que se destacam numa parte separada do diário. (Ver Lista de Checagem de Padrões na página 200).

O DIÁRIO DA SUA CRIATIVIDADE

No capítulo 6, foram analisadas experiências de registro criativas. Se você já começou um diário de criatividade, pode combinar o diário intuitivo com o diário de criatividade ou ter dois diários separados. Depende de você. Algumas pessoas acham que suas experiências intuitivas e idéias criativas estão tão intimamente ligadas, que uma influencia a outra. Outras preferem o sentimento de organização e a maior focalização que dois diários proporcionam. Se você optar por fazê-los separadamente, experimente compará-los de vez em quando (talvez ao fazer a revisão periódica) para ver que novas idéias criativas e lampejos intuitivos são revelados.

LISTA DE CHECAGEM DE PADRÕES

- Palavras-chave ou frases nas suas entradas
- Imagens recorrentes na tela branca
- Cores que continuam aparecendo na tela branca, nos sonhos, ou durante a focalização plena (ver interpretações no capítulo 3, ou fazer as próprias)
- Sentimentos ou mesmo sensações físicas (calafrios, calores etc.) que aparecem durante a focalização plena ou os exercícios de intuição
- Sinais que podem ser sua forma pessoal de confirmação (sensações realmente físicas ou um sentimento mais visceral, uma sensação de absoluta convicção, exemplos de sincronicidade. Essas impressões podem mudar de vez em quando)
- Experiências marcantes durante os exercícios de intuição (para apontar seus dons especiais)

Mesmo achando que não vai encontrar nenhum padrão, não deixe de verificar se existe algum. À medida que você se concentra em rever o diário, o cérebro direito pode começar a fazer associações entre experiências esquecidas ou ligações que havia ignorado. Se não encontrar nenhum padrão, não se espante se mais tarde lhe vier à cabeça um que seja tão claro, que você vai custar a acreditar que lhe escapara à atenção. Quando ele surgir, não esqueça de anotá-lo. Finalmente, pense na possibilidade de fazer uma cópia da Lista de Checagem Visual/de Sentimento (página 95) e da Lista de Checagem de Padrões para colar do lado de dentro da capa do seu diário, para consultas rápidas. Ou faça as suas próprias listas!